JN087811

The Pocket Book of Life Insurance and Taxes
Corporate INSURANCE

# 生命保険と税金 ポケットブック

〈 法 人 保 険 編 〉

山本英生税理士事務所　山本英生 著

近代セールス社

# はじめに

　生命保険商品は金融商品の一つですが，預金や株式などの取引と比較すると，その商品の特殊性からか，取引自体が複雑な部分が多くなっています。

　　　　　　　　　　　　◆

　生命保険は人を保障対象として，その死亡や疾病に対するリスクをカバーすることから，被保険者は必ず個人となります。このため，契約者を個人とした加入を前提として保険商品は発達してきたという経緯があります。

　しかし，法人に勤務する役員や従業員の死亡や疾病などでの法人が被るリスクをカバーするために，法人を契約者とし，役員や従業員を被保険者とした保険も普及してきています。

　　　　　　　　　　　　◆

　生命保険の経理処理については，法人税基本通達にその記載があり，1980年に初めて発遣されて以来，2019年に大改正があったばかりです。

　しかし，同じ商品であっても加入時によって保険料の経理処理が相違し，実務では経理処理が複雑になっている場合も発生しています。また，様々な項目で税法上では記載のない取引も多くあり，結果，拡大解釈によって経理処理されている取引も多くなっています。

　　　　　　　　　　　　◆

　生命保険は，リスクをカバーするために加入することが本来の目的です。しかし，この不明な部分の経理処理を自分に都合よく考え，その保険の加入目的が，法人の課税逃れのためであったり，経営者の私腹を肥やすためであったりするケースも散見されます。

　　　　　　　　　　　　◆

　本書は，実務でご活用いただけるように，過去に発遣された基本通達・個別通達などから最新の通達までの経理処理を網羅するだけ

でなく，慣習として実務上実施している経理処理などについても，その問題点を含めて記載しています。

　実際のお客さまとのコンサルティングの中で疑問に思ったことを確認し，正しい説明に基づく，より自信を持った説明をしていただくことで，さらにお客さまから喜ばれるご説明の一助になればと思い作成させていただきました。ぜひ有効活用いただければ幸いです。


　令和2年12月


山本英生税理士事務所
税理士　山本英生

もくじ

# 第1章

# 保険料の税務と経理処理

## ★要するに

　一般的な養老保険は，死亡保険金額と満期保険金額（税法上は生存保険金額）が同額の保険商品をいい，生死混合保険（生存保険＋死亡保険）の代表とされており，受取人関係で経理処理が相違する。

## ★保険料の経理処理　☞法人税基本通達9-3-4（119頁）

| | 契約者 | 被保険者 | 死亡保険金受取人 | 満期保険金受取人 | 経理処理 |
|---|---|---|---|---|---|
| ① | 法人 | 役員・従業員 | 法人 | 法人 | 資産計上 |
| ② | 法人 | 役員・従業員 | 被保険者の遺族 | 被保険者 | 給与 |
| ③※ | 法人 | 役員・従業員 | 被保険者の遺族 | 法人 | 1/2資産計上 1/2福利厚生費 |

※普遍的加入（☞12頁）以外の場合は2分の1資産計上，2分の1給与。

① 【契約形態】契約者：法人，被保険者：役員・従業員，死亡保険金受取人：法人，満期保険金受取人：法人

　保険料は資産に計上される。

| 借方 | | 貸方 | |
|---|---|---|---|
| 保険料積立金 | ××× | 現金・預金 | ××× |

② 【契約形態】契約者：法人，被保険者：役員・従業員，死亡保険金受取人：被保険者の遺族，満期保険金受取人：被保険者本人

　保険料は被保険者に対する給与となる。

| 借方 | | 貸方 | |
|---|---|---|---|
| 給与 | ××× | 現金・預金 | ××× |

　なお，この現物支給された給与についても，他の給与と同様に社会保険料の収入となり，社会保険料の標準報酬月額に含まれる。

③【契約形態】契約者：法人，被保険者：役員・従業員，死亡保険
　　　　　　　　金受取人：被保険者の遺族，満期保険金受取人：法
　　　　　　　　人

　保険料は2分の1が資産計上，2分の1が福利厚生費となる。

| 借方 | | 貸方 | |
|---|---|---|---|
| 保険料積立金 | ××× (1/2) | 現金・預金 | ××× |
| 福利厚生費 | ××× (1/2) | | |

　ただし，加入内容が普遍的加入（☞12頁）に該当しない場合は，保険料の2分の1が資産計上，2分の1が給与とされる。

| 借方 | | 貸方 | |
|---|---|---|---|
| 保険料積立金 | ××× (1/2) | 現金・預金 | ××× |
| 給与 | ××× (1/2) | | |

④【契約形態】契約者：法人，被保険者：役員・従業員，死亡保険
　　　　　　　　金受取人：法人，満期保険金受取人：被保険者

　この契約形態での保険料経理処理については，法人税基本通達には規定されていない。なお，生命保険会社ではこの契約形態については取扱いをしていない。


★まとめ

　受取人によって経理処理が相違する。

| 受取人 | | 生存保険金受取人 | |
|---|---|---|---|
| | | 法人 | 被保険者 |
| 死亡保険金受取人 | 法人 | ①資産計上 | ④　　― |
| | 被保険者の遺族 | ③1/2資産計上<br>1/2福利厚生費 | ②給与 |

## 1-2　養老保険の給与タイプ

### ★要するに

養老保険に加入するにあたって，法人税基本通達9-3-4(2)の加入については，保険料の法人における経理処理だけでなく，個人における留意点もある。

### ★保険料の経理処理　☞法人税基本通達9-3-4(2)（119頁）

死亡保険金受取人：被保険者の遺族

満期保険金受取人：
被保険者

△
契約

△
満期

### ▼給与タイプ

〔養老保険〕

| 契約者 | 被保険者 | 死亡保険金受取人 | 満期保険金受取人 | 経理処理 |
|---|---|---|---|---|
| 法人 | 役員・従業員 | 被保険者の遺族 | 被保険者 | 給与 |

支払った保険料は，被保険者の給与として現物支給となる。

| 借方 | | 貸方 | |
|---|---|---|---|
| 給与 | ×××  | 現金・預金 | ××× |

なお，この場合の保険料は，現物支給として個人課税の対象となる。

### ★保険料の個人における取扱い

個人に現物支給として給与課税されている保険料については，生命保険料控除の対象となる。養老保険の場合は，一般の生命保険料控除の対象となる。

個人は自分が契約者となっている他の生命保険と同様に確定申告（年末調整）を行い，生命保険料控除とする。

## ★社会保険の取扱い

現物支給された保険料については，以前は「社会保険の保険料の算出根拠となる標準報酬に含まれない」として，「社会保険料の負担を個人でも法人でも軽減する」という目的で加入が勧められていたケースも見られたが，現物支給の対象となる保険料については，社会保険料の標準報酬に含まれる。

## ★途中で解約した場合

契約者が法人であるため，契約途中で解約した場合，解約返戻金は法人が受け取る。被保険者に対しては給与として課税されているにも関わらず，被保険者が解約返戻金を受け取ることはできない。

さらに，法人が受け取った解約返戻金を被保険者本人に支払った場合には，この金額が被保険者本人に対しての賞与となる。つまり，個人としては二重に課税されることになりデメリットは大きい。

## ★満期保険金を受け取った場合

満期保険金受取人は被保険者であるため，被保険者本人が個人として満期保険金を受け取る。この個人が受け取った満期保険金は，一時所得となり，所得税・住民税の課税対象となる。

---

＊一時所得の金額
　総収入金額－収入を得るために支出した金額（注）－特別控除額（最高50万円）＝一時所得の金額
＊一時所得の課税対象
　一時所得の金額×1/2

---

(注)「収入を得るために支出した金額」とは，その収入を生じた行為をするため，またはその収入を生じた原因の発生に伴い直接要した金額に限っており，給与課税された保険の場合は，個人として給与された金額となる。

## ★まとめ

給与課税タイプの養老保険は契約後のトラブルも多く，一般的には加入はない。

## 1-3 養老保険(福利厚生プラン)の普遍的加入

### ★要するに

養老保険で，死亡保険金を被保険者の遺族，満期保険金を法人が受け取る場合は，一般的に福利厚生プランとも呼ばれ，普遍的加入か否かで経理処理が相違する。

### ★保険料の経理処理 ☞法人税基本通達9-3-4(3)(119頁)

〔養老保険〕

・保険商品：養老保険

| 契約者 | 被保険者 | 死亡保険金受取人 | 満期保険金受取人 | 経理処理 |
|---|---|---|---|---|
| 法人 | 役員・従業員 | 被保険者の遺族 | 法人 | 1/2資産計上<br>1/2福利厚生費 |

普遍的加入以外の場合は，保険料の2分の1が資産計上，2分の1が給与。普遍的加入の場合は，保険料の2分の1が資産計上，2分の1が福利厚生費となる。

| 借方 | | 貸方 | |
|---|---|---|---|
| 保険料積立金 | ×××（1/2） | 現金・預金 | ××× |
| 福利厚生費 | ×××（1/2） | | |

### ★普遍的加入

### ▼普遍的加入の条件

・被保険者を特定の者だけに限定しない。
・保険金額を一律または職階・年齢・勤続年数等に応じて公平に設定。
・被保険者の役員・従業員の大部分を同族関係者にしない。
・公平な加入・保険金額の設定基準を整えること。

さらに，加入の目的として「役員・従業員の福利厚生の充実である」と説明できる状況を整えておき，保険金の設定額を従業員退職金規程などの退職金の範囲内で設定しておいたほうがよいとされている。

福利厚生プランの場合は，新入社員の加入や退社社員の解約などしっかりと対応し，常に普遍的加入の状況にしておくことが求められる。

また，終身保険など他の保険商品と合わせての加入では，福利厚生プランには該当しない。

## ★普遍的加入に該当しない場合

普遍的加入に該当しない場合には，支払った保険料の2分の1が保険料積立金，そして残額は給与となる。

| 借方 | | 貸方 | |
|---|---|---|---|
| 保険料積立金 | ×××（1/2） | 現金・預金 | ××× |
| 給与 | ×××（1/2） | | |

## ★保険事故が発生した場合

保険事故が発生した場合は，死亡保険金は被保険者の遺族に保険会社から直接支払われる（保険会社によっては法人を経由して支払う場合もある）。この場合は，法人では，資産計上されている積立金などを取り崩し，雑損失として計上する。

| 借方 | | 貸方 | |
|---|---|---|---|
| 雑損失 | ××× | 保険料積立金 | ××× |
| | | 配当金積立金 | ××× |

## ★まとめ

契約形態が正しい契約であっても，普遍的加入に該当するか否かで経理処理は相違する。法人全体の加入状況や福利厚生規程などを確認することが必要になる点に注意（「国税不服裁判所裁決事例集（平成5年8月24日，No.46）」参照，129頁）。

## 1-4 終身保険

### ★要するに

終身保険は，養老保険に準じて経理処理を行うため，死亡保険金受取人で経理処理が相違する。

### ★保険料の経理処理

死亡保険金受取人：法人または被保険者の遺族

△
契約

### ▼法人受取

| 契約者 | 被保険者 | 死亡保険金受取人 | 経理処理 |
|--------|----------|------------------|----------|
| 法人 | 役員・従業員 | 法人 | 資産計上 |

支払った保険料は，資産計上される。

| 借方 | | 貸方 | |
|------|------|------|------|
| 保険料積立金 | ××× | 現金 | ××× |

加入当初に解約した場合は支払った保険料を下回ることとなり，含み損を持った状態となる。

### ▼遺族受取

| 契約者 | 被保険者 | 死亡保険金受取人 | 経理処理 |
|--------|----------|------------------|----------|
| 法人 | 役員・従業員 | 被保険者の遺族 | 給与 |

支払った保険料は，被保険者本人に現物支給として給与課税される。

| 借方 | | 貸方 | |
|------|------|------|------|
| 給与 | ××× | 現金・預金 | ××× |

## ★考え方

　終身保険については，個別通達に記載はない。日本企業は終身雇用とは言われるが，一部の経営者層を除いては文字どおり一生涯企業に勤務するわけではなく，一定時期には法人を退職する。そのことから，法人が保険に加入するにあたり終身保険を選択して加入することはないという考え方があり，記載がないとされている。

　しかし，終身保険の貯蓄性の高さから死亡リスク対応として終身保険を選択し，退職時期にはこの生命保険を解約して退職慰労金の一部とするという選択もある。さらに，退職時にこの生命保険の契約者を被保険者本人，死亡保険金受取人を被保険者の遺族に名義変更することで，現物支給を行い退職金の一部とするという取扱いもあり，法人が終身保険を選択することも一般的な取扱いである。

　また，損金算入を必要としない企業にとっては，解約返戻金が右肩上がりで増え続ける終身保険の安心感を選択したいということもある。

　このため，終身保険の貯蓄性の高さから養老保険に準じた取扱いとされており，法人税基本通達9-3-4(1)または(2)（☞119頁）の取扱いに準じている。

## ★死亡事故発生時

　死亡事故が発生した時点では，保険料積立金等を取り崩すこととなり，定期保険などの損金算入される保険と比較すると，益金が立ちにくくなる（「出口効果」ともいう）。

　この点も終身保険を選択する理由のひとつである。

## ★まとめ

　受取人によって経理処理が相違する。

| 死亡保険金受取人 | 法人 | ①資産計上 |
|---|---|---|
| | 被保険者の遺族 | ②給与 |

## 1-5 定期保険および第三分野保険

**★要するに**

　死亡保障である定期保険と，病気などのリスクに対する医療保険などの第三分野保険については，法人が契約者となる契約については，基本的に同様の経理処理を行う。

　保険料の経理処理は最高解約返戻率で経理処理が変更となる。

**★定期保険**

　定期保険は一定期間に限って，加入している被保険者の死亡保障をした商品。この保険は，保障期間満了時には返金されるものはない（積立配当金などがある場合は受け取る）。しかし，契約途中で解約した場合には，解約返戻金を受け取ることができる。

**★第三分野保険**

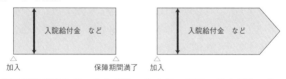

　第三分野保険とは，生命保険である第一分野，損害保険の第二分野の次の医療保険などのことをいう。

　第三分野保険も被保険者が死亡した場合には，一般的には死亡保険金はなく，返金されるものはない。何も受け取ることできない掛捨て保険である。そのため，法人が加入した場合には，原則的には定期保険と同様の取扱いとされた（保険法第2条第九号「保険者が人の傷害疾病に基づき一定の保険給付を行うことを約するものを傷害疾病定額保険」（☞116頁）として位置づけている）。

## ★解約返戻率

生命保険を途中で解約した場合に受け取ることができる解約返戻金相当額を，それを受け取るまでに支払った保険料の累計額（合計額）で除した割合が解約返戻率となる（解約返戻率＝解約返戻金÷支払保険料累計額）。

この解約返戻率を計算する際の解約返戻金相当額には，配当金は含まず，無事故給付金や生存給付金は含むとされている。変額保険や積立利率変動型保険は契約時に示した予定利率，外貨建て保険は契約時の為替レートで計算するものとされている。

支払保険料には，保険給付のない特約（がん保険料免除特約など）に係る保険料や特別保険料も含まれる。

## ★最高解約返戻率

最高解約返戻率とは，その保険の保険期間を通じて解約返戻率が最も高い割合になる期間におけるその割合をいう。

## ★まとめ
### ▼定期保険

| 契約者 | 被保険者 | 死亡保険金受取人 | 経理処理 |
|---|---|---|---|
| 法人 | 役員・従業員 | 法人 | 損金算入※ |
| 法人 | 役員・従業員 | 被保険者の遺族 | 給与 |

※損金算入される割合・期間などが最高解約返戻率ごとに4区分される。

### ▼第三分野保険

| 契約者 | 被保険者 | 第三分野給付金受取人 | 経理処理 |
|---|---|---|---|
| 法人 | 役員・従業員 | 法人 | 損金算入※ |
| 法人 | 役員・従業員 | 被保険者 | 給与 |

※損金算入される割合・期間などが最高解約返戻率ごとに4区分される。

| 最高解約返戻率 | 50%以下 | 50%超70%以下 | 70%超85%以下 | 85%超 |
|---|---|---|---|---|
| 掲載箇所 | 1−6 | 1−7 | 1−8 | 1−9 |

## 1-6　定期保険および第三分野保険―50%以下―

### ★要するに

受取人が法人で最高解約返戻率が50%以下の場合には，支払った保険料は全額が保険料として損金算入できる。

### ▼定期保険

| 契約者 | 被保険者 | 死亡保険金受取人 | 経理処理 |
|---|---|---|---|
| 法人 | 役員・従業員 | 法人 | 損金算入 |
| 法人 | 役員・従業員 | 被保険者の遺族 | 福利厚生費※ |

※役員または部課長その他特定の使用人のみの場合は給与となる。

### ▼第三分野保険

| 契約者 | 被保険者 | 第三分野給付金受取人 | 経理処理 |
|---|---|---|---|
| 法人 | 役員・従業員 | 法人 | 損金算入 |
| 法人 | 役員・従業員 | 被保険者 | 福利厚生費※ |

※役員または部課長その他特定の使用人のみの場合は給与となる。

### ★定期保険の保険料の経理処理

### ▼契約者：法人，被保険者：役員・従業員，死亡保険金受取人：法人　の場合

保険料は全額が損金算入できる。

| 借方 | | 貸方 | |
|---|---|---|---|
| 保険料 | ××× | 現金・預金 | ××× |

### ▼契約者：法人，被保険者：役員・従業員，死亡保険金受取人：被保険者の遺族　の場合

保険料は被保険者に対する給与となる。なお，この現物支給された給与についても，他の給与と同様に社会保険料の収入となり，社会保険料の標準報酬月額に含まれる。

| 借方 | | 貸方 | |
|---|---|---|---|
| 給与 | ××× | 現金・預金 | ××× |

## ★第三分野保険の保険料の経理処理

### ▼契約者：法人，被保険者：役員・従業員，第三分野給付金受取人：法人　の場合

保険料は全額が損金算入できる。

| 借方 | | 貸方 | |
|---|---|---|---|
| 保険料 | ××× | 現金・預金 | ××× |

### ▼契約者：法人，被保険者：役員・従業員，第三分野給付金受取人：被保険者本人　の場合

保険料は被保険者に対する給与となる。なお，この現物支給された給与についても，他の給与と同様に社会保険料の収入となり，社会保険料の標準報酬月額に含まれる。

| 借方 | | 貸方 | |
|---|---|---|---|
| 給与 | ××× | 現金・預金 | ××× |

### ▼保険期間が終身となる場合（払込が有期）

保険期間が終身となる第三分野保険については，保険期間の開始の日から被保険者の年齢が116歳に達する日までを「計算上の保険期間」とする。

・払込期間

保険料：支払保険料×払込期間÷（116歳－加入時の被保険者年齢）

・払込期間終了後

保険料（取崩額）：払込満了時点の前払保険料累計額÷（116歳－払込満了時の被保険者年齢）

例

| 契約者 | 被保険者 | 第三分野給付金受取人 | 保険種類 |
|---|---|---|---|
| 法人 | 経営者 | 法人 | 医療保険 |

| 加入年齢 | 保障期間 | 払込期間 | 払方 | 支払保険料 |
|---|---|---|---|---|
| 56歳 | 終身 | 15年 | 年払 | 50万円 |

・払込期間：50万円×15年間÷（116歳−56歳）=12.5万円

| 借方 | | 貸方 | |
|---|---|---|---|
| 保険料 | 125,000円 | 現金・預金 | 500,000円 |
| 前払保険料 | 375,000円 | | |

・払込期間終了後：37.5万円×15年間÷（116歳−71歳）=12.5万円

| 借方 | | 貸方 | |
|---|---|---|---|
| 保険料 | 125,000円 | 前払保険料 | 125,000円 |

## ★解約返戻金相当額のない定期保険・第三分野保険

保険期間を通じて解約返戻金相当額のない場合（ごく少額返戻金がある契約を含む[1]），保険料の払込期間が保険期間より短い場合，1被保険者30万円以下の場合[2]には，その年の損金算入を認める。

[1] 「ごく少額」とは，概ね入院給付金額10倍程度まで（商品ごと）。
[2] 2つ以上の契約がある場合は，その合計額。

---

### Column 保険のキホン　単純返戻率と実質返戻率

法人の契約の定期保険の経理処理にも返戻率の考え方が導入されている。一般的に返戻率というと単純返戻率を指すが，もうひとつ実質返戻率という考え方もある。

・単純返戻率
支払った保険料総額に対しての解約返戻金の割合。
＊単純返戻率＝解約返戻金÷支払保険料総額

・実質（参考）返戻率
保険料の一部の金額または全額が損金として算入されることで，その金額分は法人の収益がマイナスされ，その分だけ本来支払うべきだった法人税が安くなる。この法人税のマイナス分を差し引いた金額を加味して返戻率を計算する方法。
＊実質返戻率＝解約返戻金÷（支払保険料総額−法人税軽減額）
法人税軽減額＝支払保険料×損金算入割合×法人税実効税率

法人が赤字で利益が出ていない場合は，法人税軽減額は計算されないし，解約返戻金受取時には利益が増えることで法人税の負担も増えることとなるため，この率については一面しか表していないことには注意が必要である。

## ★要するに

| | 契約者 | 被保険者 | 死亡保険金受取人 | 第三分野給付金受取人 |
|---|---|---|---|---|
| 定期保険 | 法人 | 役員・従業員 | 法人 | ― |
| 第三分野保険 | 法人 | 役員・従業員 | 法人 | 法人 |

| 資産計上期間 | 資産計上額 | 取崩期間 |
|---|---|---|
| 当初40%期間 | 支払保険料40% | 75%経過後 |

(注) 年換算保険料相当額（1人の被保険者につき2以上の定期保
険等に加入している場合にはその合計額）が，30万円以下の
場合は50%以下と同様とする（全額が損金算入されるという
特別な取扱いがある。☞18頁，1－6 定期保険および第三分
野保険－50%以下－参照）。

## ★保険料の経理処理のイメージ

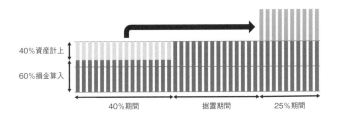

40%資産計上

60%損金算入

40%期間　　　　据置期間　　　　25%期間

## ★保険料の経理処理

## ▼当初4割期間

| 借方 | | 貸方 | |
|---|---|---|---|
| 保険料 | 保険料×60% | 現金・預金 | ×××|
| 前払保険料 | 保険料×40% | | |

## ▼据置期間

| 借方 | | 貸方 | |
|------|------|------|------|
| 保険料 | 保険料×100% | 現金・預金 | ×××

## ▼取崩期間

| 借方 | | 貸方 | |
|------|------|------|------|
| 保険料 | 保険料×164% | 現金・預金 | ××× |
| | | 前払保険料* | 保険料×64% |

※前払保険料（取崩額）：40%（資産計上額）×40%（期間）÷25%（期間）＝64%

## ★資産計上期間，資産取崩期間

・資産計上期間

　月按分（1月未満の端数がある場合，その端数を切捨て）して金額を計算する。

　保険期間×40%＝資産計上期間（月単位，月の端数を切捨て）

・資産取崩期間

　月按分（1月未満の端数がある場合には，その端数を切上げ）して金額を算出する。

　保険期間×25%＝資産取崩期間（月単位，月の端数を切上げ）

例

| 契約者 | 被保険者 | 第三分野給付金受取人 | 保険種類 |
|------|------|------|------|
| 法人 | 経営者 | 法人 | 定期保険 |

| 加入年齢 | 保障期間 | 払込終了年齢 | 払方 | 支払保険料 |
|------|------|------|------|------|
| 56歳 | 90歳 | 90歳（34年） | 年払 | 60万円 |

・資産計上期間：34年×40%＝13.6年　0.6年×12月＝7.2月→7月
・資産取崩期間：34年×25%＝8.5年　0.5年×12月＝6月

|  | 借方 | | 貸方 | |
|---|---|---|---|---|
| 加入～<br>7年目 | 保険料<br>保険料積立金 | 360,000円<br>240,000円 | 現金・預金 | 600,000円 |
| 8年目 | 保険料<br>保険料積立金※1 | 460,000円<br>140,000円 | 現金・預金 | 600,000円 |
| 9年目～<br>25年目 | 保険料 | 600,000円 | 現金・預金 | 600,000円 |
| 26年目 | 保険料 | 707,058円 | 現金・預金<br>保険料積立金 | 600,000円<br>107,058円 |
| 27年目～<br>34年目 | 保険料 | 814,116円 | 現金・預金<br>保険料積立金 | 600,000円<br>214,116円 |

※1　240,000円×7月÷12月＝140,000円
※2　(240,000円×7年＋140,000円)÷(8年×12月＋6月)＝17,843.<del>4</del>円

---

## Column 保険のキホン　三利源

　三利源は，生命保険会社の利益がどのように生まれたかの説明に活用される。基礎利益の内訳として開示している会社もある。

　生命保険の保険料は予定死亡率・予定利率・予定事業費率で算出されるが，これはあくまでも予定であり，実際に保険を販売すると実際とは差が生まれることになる。これが利源であり，①死差益，②利差益，③費差益に区分され三利源とする。

①死差益

　死差益は，性別・年代の死亡率から算出した生命表の予定死亡率に基づく予定死亡者数と，その保険会社での実際の死亡者数との差のことをいう。

＊予定の死亡者数－実際の死亡者数＝死差益

②利差益

　利差益は，契約した際の予定利率で保険料を運営した場合の想定運用利益と，実際の運用収入で得た利益との差のことをいう。

＊実際の運用利益－予定の運用利益＝利差益

③費差益

　費差益は，保険会社が事業をするために使うと予定した費用と，実際に使用した事業費との差のことをいう。

＊予定の事業費－実際の事業費＝費差益

## ★要するに

| | 契約者 | 被保険者 | 死亡保険金受取人 | 第三分野給付金受取人 |
|---|---|---|---|---|
| 定期保険 | 法人 | 役員・従業員 | 法人 | ― |
| 第三分野保険 | 法人 | 役員・従業員 | 法人 | 法人 |

| 資産計上期間 | 資産計上額 | 取崩期間 |
|---|---|---|
| 当初40%期間 | 支払保険料60% | 75%経過後 |

## ★保険料の経理処理のイメージ

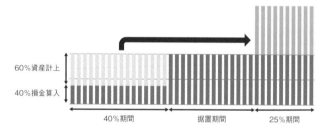

60%資産計上
40%損金算入

40%期間 / 据置期間 / 25%期間

## ★保険料の経理処理

### ▼当初4割期間

| 借方 | | 貸方 | |
|---|---|---|---|
| 保険料 | 保険料×40% | 現金・預金 | ×××|
| 前払保険料 | 保険料×60% | | |

### ▼据置期間

| 借方 | | 貸方 | |
|---|---|---|---|
| 保険料 | 保険料×100% | 現金・預金 | ××× |

## ▼取崩期間

| 借方 | | 貸方 | |
|---|---|---|---|
| 保険料 | 保険料×196% | 現金・預金 | ×××|
| | | 前払保険料※ | 保険料×96% |

※前払保険料（取崩額）：60%（資産計上額）×40%（期間）÷25%（期間）＝96%


## ★資産計上期間，資産取崩期間

・資産計上期間

　月按分（1月未満の端数がある場合，その端数を切捨て）して金額を計算する。

　保険期間×40％＝資産計上期間（月単位，月の端数を切捨て）

・資産取崩期間

　月按分（1月未満の端数がある場合には，その端数を切上げ）して金額を算出する。

　保険期間×25％＝資産取崩期間（月単位，月の端数を切上げ）

| 契約者 | 被保険者 | 第三分野給付金受取人 | 保険種類 |
|---|---|---|---|
| 法人 | 経営者 | 法人 | 定期保険 |

| 加入年齢 | 保障期間 | 払込終了年齢 | 払方 | 支払保険料 |
|---|---|---|---|---|
| 56歳 | 90歳 | 90歳（34年） | 年払 | 60万円 |

・資産計上期間：34年×40％＝13.6年　0.6年×12月＝7.2月⇒7月
・資産取崩期間：34年×25％＝8.5年　0.5年×12月＝6月

| | 借方 | | 貸方 | |
|---|---|---|---|---|
| 加入～<br>7年目 | 保険料<br>保険料積立金 | 240,000円<br>360,000円 | 現金・預金 | 600,000円 |
| 8年目 | 保険料<br>保険料積立金※1 | 390,000円<br>210,000円 | 現金・預金 | 600,000円 |
| 9年目～<br>25年目 | 保険料 | 600,000円 | 現金・預金 | 600,000円 |
| 26年目 | 保険料 | 760,584円 | 現金・預金<br>保険料積立金 | 600,000円<br>160,584円 |
| 27年目～<br>34年目 | 保険料 | 921,168円 | 現金・預金<br>保険料積立金 | 600,000円<br>321,168円 |

※1　360,000円×7月÷12月＝210,000円
※2　（360,000円×7年＋210,000円）÷（8年×12月＋6月）＝26,764.7円

## ★要するに

| | 契約者 | 被保険者 | 死亡保険金受取人 | 第三分野給付金受取人 |
|---|---|---|---|---|
| 定期保険 | 法人 | 役員・従業員 | 法人 | — |
| 第三分野保険 | 法人 | 役員・従業員 | 法人 | 法人 |

| 資産計上期間 | 資産計上額 | 取崩期間 |
|---|---|---|
| 最高解約返戻率となる期間まで<br>（1年間解約返戻金相当額の増加額<br>を年換算保険料で割った金額が70%<br>超の期間）<br>※最低5年<br>（保険期間10年未満は当初50%期間） | 最高解約返戻率<br>×70%<br>（当初10年間は<br>90%） | 最高解約返戻額<br>となる期間から<br>保険期間の終了<br>の日まで |

## ★保険料の経理処理のイメージ

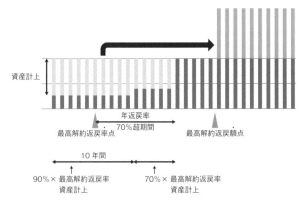

## ▼資産計上期間…当初10年間

| 借方 | | 貸方 | |
|---|---|---|---|
| 保険料<br>前払保険料 | 保険料×（1−最高解約返戻率×90%）<br>保険料×最高解約返戻率×90% | 現金・預金 | ×××|

## ▼資産計上期間…10年超

| 借方 | | 貸方 | |
|---|---|---|---|
| 保険料<br>前払保険料 | 保険料×（1－最高解約返戻率×70%）<br>保険料×最高解約返戻率×70% | 現金・預金 | ×××|

## ▼据置期間

| 借方 | | 貸方 | |
|---|---|---|---|
| 保険料 | 保険料×100% | 現金・預金 | ×××|

## ▼取崩期間

| 借方 | | 貸方 | |
|---|---|---|---|
| 保険料 | 保険料×（1＋X） | 現金・預金<br>前払保険料※ | ×××<br>X×保険料 |

※前払保険料（取崩額）：
a：最高解約返戻率となるまでの期間（年返戻率70%超期間を含む）
b：最高解約返戻額を過ぎ、保険期間終了まで
a≦10年　X＝｛90%×最高解約返戻率×a｝÷b
a＞10年　X＝｛90%×最高解約返戻率×10年＋70%×最高解約返戻率×（a－10年）｝÷b

例

| 契約者 | 被保険者 | 第三分野給付金受取人 | 保険種類 |
|---|---|---|---|
| 法人 | 経営者 | 法人 | 定期保険 |
| **加入年齢** | **保障期間** | **払込終了年齢** | **払方** | **支払保険料** |
| 50歳 | 終身 | 75歳（25年） | 年払 | 60万円 |

・最高解約返戻率：95%
・最高解約返戻率（年返戻率70%超期間含む）：12年目
　最高解約返戻額：20年目（取崩期間5年）

| | 借方 | | 貸方 | |
|---|---|---|---|---|
| 加入～<br>10年目 | 保険料<br>保険料積立金※1 | 87,000円<br>513,000円 | 現金・預金 | 600,000円 |
| 11年目～<br>12年目 | 保険料<br>保険料積立金※2 | 201,000円<br>399,000円 | 現金・預金 | 600,000円 |
| 13年目～<br>20年目 | 保険料 | 600,000円 | 現金・預金 | 600,000円 |
| 21年目～<br>25年目 | 保険料 | 1,785,600円 | 現金・預金<br>保険料積立金※3 | 600,000円<br>1,185,600円 |

※1　600,000円×95%×90%＝513,000円
※2　600,000円×95%×70%＝399,000円
※3　｛90%×95%×10年＋70%×95%×（12－10年）｝÷5＝1.976
　　600,000円×1.976＝1,185,600円

# ★損金算入割合

## ▼保険料を損金算入できる割合の一覧表

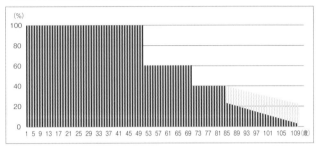

（単位：％）

| 最高解約返戻率 | 損金算入割合 | | 最高解約返戻率 | 損金算入割合 | |
|---|---|---|---|---|---|
| | 10年まで | 10年経過後 | | 10年まで | 10年経過後 |
| ≦50 | 100 | | 95 | 14.5 | 33.5 |
| 50< ≦70 | 60 | | 96 | 13.6 | 32.8 |
| 70< ≦85 | 40 | | 97 | 12.7 | 32.1 |
| 86 | 22.6 | 39.8 | 98 | 11.8 | 31.4 |
| 87 | 21.7 | 39.1 | 99 | 10.9 | 30.7 |
| 88 | 20.8 | 38.4 | 100 | 10.0 | 30.0 |
| 89 | 19.9 | 37.7 | 101 | 9.1 | 29.3 |
| 90 | 19.0 | 37.0 | 102 | 8.2 | 28.6 |
| 91 | 18.1 | 36.3 | 103 | 7.3 | 27.9 |
| 92 | 17.2 | 35.6 | 104 | 6.4 | 27.2 |
| 93 | 16.3 | 34.9 | 105 | 5.5 | 26.5 |
| 94 | 15.4 | 34.2 | | | |

# ★契約後の内容変更

　契約後，契約の内容が変更された場合，変更後の契約内容に基づいて取扱いされる。

　契約内容変更に伴い，責任準備金の過不足精算を行う場合は，変更後の契約内容に基づいて計算した資産計上額の累計額と既往の資産計上額の累計額との差額について調整する。

| 契約内容変更に該当 | 契約内容変更に非該当 |
|---|---|
| ・払込期間の変更<br>・特別保険料の変更<br>・保険料払込免除特約の付加・解約<br>・保険金額の増額・減額または契約の一部解約に伴い高額割引率の変更による解約返戻率の変更<br>・保険期間の延長・短縮<br>・年齢訂正等<br>　ただし，最高解約返戻率が下がる場合は変更しなくても可 | ・払込方法の変更<br>　（例：月払⇒年払）<br>・払込経路の変更<br>　（例：口座引落⇒集団引去）<br>・前納金の追加納付<br>・契約者貸付<br>・保険金の減額 |

なお，契約の転換，契約の更新，払済保険への変更は，それぞれの取扱方法に従う。

## ★定期保険・第三分野保険のまとめ

| 最高解約返戻率 | 資産計上額 | 損金算入額 | 資産計上期間 | 取崩期間 |
|---|---|---|---|---|
| ≦50% | 0 | 全額 | – | – |
| 50%<<br>≦70% | 40%<br><br>※被保険者1人当たり年換算保険料30万円以下は全額損金算入可能 | 60% | 前半40%期間<br>（1月未満切捨て） | 後半25%期間<br>（1月未満切上げ） |
| 70%<<br>≦85% | 60% | 40% | | |
| 85%< | **1年目～10年目**<br><br>最高解約返戻率×90% | 100%－（最高解約返戻率×90%） | 最高解約返戻率年度まで<br>※解約返戻金の増加分÷年換算保険料相当額＞70%期間も含む<br>※資産計上期間が5年未満は5年<br>※保険期間10年未満は前半50%期間 | 最高解約返戻金額となる年度経過後 |
| | **11年目以降**<br><br>最高解約返戻率×70% | 100%－（最高解約返戻率×70%） | | |

29

## ★要するに

・長期平準定期保険

> ・保険期間満了時の被保険者年齢＞70歳
>  かつ
> ・加入時点の被保険者年齢＋保険期間×2倍＞105

| 契約者 | 被保険者 | 死亡保険金受取人 | 経理処理 | |
|---|---|---|---|---|
| 法人 | 役員・従業員 | 法人 | 6割期間<br>1/2資産<br>1/2損金 | 4割期間<br>7/4損金<br>3/4資産取崩 |
| 法人 | 役員・従業員 | 被保険者の遺族 | 給与 | |

※昭和62（1987）年7月1日前の契約：同日以後の支払保険料はこの取扱い。
※令和元（2020）年7月8日前の契約：同日前の契約は遡ることはない。

## ★保険料の経理処理のイメージ

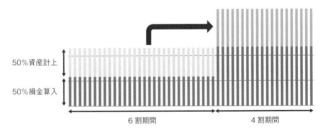

50％資産計上

50％損金算入

6割期間　　　　4割期間

## ★保険料の経理処理

### ▼当初6割期間

| 借方 | | 貸方 | |
|---|---|---|---|
| 保険料<br>前払保険料 | 保険料×50%<br>保険料×50% | 現金・預金 | ××× |

### ▼取崩期間

| 借方 | | 貸方 | |
|---|---|---|---|
| 保険料 | 保険料×175% | 現金・預金<br>前払保険料※ | ×××<br>保険料×75% |

※前払保険料（取崩額）：50%（資産計上額）×60%（期間）÷40%（期間）＝75%

## ★資産計上期間，資産取崩期間

・資産計上期間

　年按分（1年未満の端数がある場合，その端数を切捨て）して金額を計算する。

・資産取崩期間

　保険期間から資産計上期間を差し引いた期間となる。

例

| 契約者 | 被保険者 | 給付金受取人 | 保険種類 | | |
|---|---|---|---|---|---|
| 法人 | 経営者 | 法人 | 長期平準定期保険 | | |
| 加入年齢 | 保障期間 | 払込終了年齢 | 払方 | 支払保険料 | |
| 42歳 | 90歳 | 90歳（年） | 年払 | 60万円 | |

・資産計上期間：48年×60%＝28.8年→28年
・資産取崩期間：48年－28年＝20年

| | 借方 | | 貸方 | |
|---|---|---|---|---|
| 加入～<br>28年目 | 保険料<br>保険料積立金※1 | 300,000円<br>300,000円 | 現金・預金 | 600,000円 |
| 29年目～<br>48年目 | 保険料 | 1,020,000円 | 現金・預金<br>保険料積立金※2 | 600,000円<br>420,000円 |

※1　600,000円×1/2＝300,000円
※2　(300,000円×28年)÷20年＝420,000円

## ★既契約の取扱い

　昭和62（1987）年7月1日前の契約についても，同日以後にその支払期日が到来するものについては，この取扱いを適用するとして

いた。令和元（2019）年7月8日以後の契約は経理処理が変更されることとなったが，同日前の契約に遡ることはないとされた。

---

### Column 保険のキホン　配当金

　予定と実際との差によって剰余金が生じた場合に，剰余金の還元として契約者に分配されるお金のことを配当金という。契約によってその扱いは相違する。

①有配当と無配当

　生命保険は配当金を受け取ることができる有配当保険と，配当金を受け取ることができない無配当保険に区分される。

②三利源配当と利差配当

　三つの利源からの差をすべて受け取ることができる三利源配当と，費差と死差は受け取ることができないが利差だけ受け取ることができる利差配当がある。

③5年ごと・3年ごと・毎年

　剰余金が生じた場合に配当金として分配する仕組みで，毎年分配する毎年配当型，3年ごとに通算して剰余が生じた場合に配当金として3年ごとに分配する3年ごと配当型，この期間が3年ではなく5年になっている5年ごと配当型がある。

　配当金の受取方法も契約時に決めるが，保険商品によっては受取方法が決まっていることもある。

❶積立

　配当金を保険会社に積み立てておく方法。所定の利息がつき，途中で引き出すことも可能。契約消滅時には一緒に受け取る。

❷買増

　配当金を一時払の保険料として保険を買い増す方法。

❸相殺

　配当金と保険料を相殺する方法。配当金分，保険料負担を軽減できる。

❹現金支払

　配当金を現金で受け取る方法。

## 1-11 逓増定期保険 ―2019年7月8日前契約―

★要するに

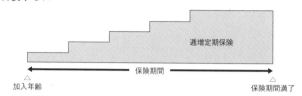

保険期間

△ 加入年齢　　　　　　　　　　　　　　　　　△ 保険期間満了

▼平成20（2008）年2月28日前契約

| | 保険期間満了時の被保険者年齢 | かつ | 加入時の被保険者年齢＋保険期間×2 | 6割期間損金算入割合 | 備考 |
|---|---|---|---|---|---|
| ① | 60歳超 | かつ | 90超 | 1/2 | ②③以外 |
| ② | 70歳超 | かつ | 105超 | 1/3 | ③以外 |
| ③ | 80歳超 | かつ | 120超 | 1/4 | ― |

※平成8（1996）年9月1日前の契約：同日以後の保険料はこの取扱いとなる。

▼平成20（2008）年2月28日以後，令和元（2019）年7月8日前契約

| | 保険期間満了時の被保険者年齢 | かつ | 加入時の被保険者年齢＋保険期間×2 | 6割期間損金算入割合 | 備考 |
|---|---|---|---|---|---|
| ① | 45歳超 | | | 1/2 | ②③以外 |
| ② | 70歳超 | かつ | 95超 | 1/3 | ③以外 |
| ③ | 80歳超 | かつ | 120超 | 1/4 | ― |

※平成20（2008）年2月28日前の契約：同日前の契約は遡ることはない。

| 契約者 | 被保険者 | 死亡保険金受取人 | 経理処理 | |
|---|---|---|---|---|
| | | | 6割期間 | 4割期間 |
| 法人 | 役員・従業員 | 法人 | 1/2資産<br>1/2損金 | 7/4損金<br>3/4資産取崩 |
| | | | 2/3資産<br>1/3損金 | 2損金<br>1資産取崩 |
| | | | 3/4資産<br>1/4損金 | 17/8損金<br>9/8資産取崩 |
| 法人 | 役員・従業員 | 被保険者の遺族 | 給与 | |

### ★保険料の経理処理のイメージ

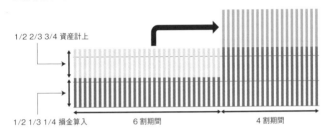

1/2 2/3 3/4 資産計上

1/2 1/3 1/4 損金算入　　　6割期間　　　4割期間

### ★保険料の経理処理

a．当初6割期間（年按分，1年未満の端数はその端数を切捨て）

| | 借方 | | 貸方 | |
|---|---|---|---|---|
| ① | 保険料<br>前払保険料 | 保険料×1/2<br>保険料×1/2 | 現金・預金 | ××× |
| ② | 保険料<br>前払保険料 | 保険料×1/3<br>保険料×2/3 | 現金・預金 | ××× |
| ③ | 保険料<br>前払保険料 | 保険料×1/4<br>保険料×3/4 | 現金・預金 | ××× |

ｂ．取崩期間（保険期間から資産計上期間を差し引く）

| | | 借方 | | 貸方 | |
|---|---|---|---|---|---|
| ① | 保険料 | 保険料×7/4 | 現金・預金<br>前払保険料※1 | | ×××<br>保険料×3/4 |
| ② | 保険料 | 保険料×2 | 現金・預金<br>前払保険料※2 | | ×××<br>保険料×1 |
| ③ | 保険料 | 保険料×17/8 | 現金・預金<br>前払保険料※3 | | ×××<br>保険料×9/8 |

※1　前払保険料（取崩額）：1/2（資産計上額）×60％（期間）÷40％（期間）＝3/4
※2　前払保険料（取崩額）：2/3（資産計上額）×60％（期間）÷40％（期間）＝1
※3　前払保険料（取崩額）：3/4（資産計上額）×60％（期間）÷40％（期間）＝9/8

### ★適用時期

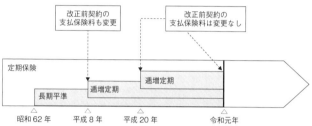

| 例 | 契約者 | 被保険者 | 保険金受取人 | 保険種類 |
|---|---|---|---|---|
| | 法人 | 経営者 | 法人 | 逓増定期保険 |

| | 加入年齢 | 保障期間 | 払込終了年齢 | 払方 | 支払保険料 |
|---|---|---|---|---|---|
| a | 30歳 | 60歳 | 60歳 | 年払 | 60万円 |
| b | 30歳 | 45歳 | 45歳 | | |

| | | 借方 | | 貸方 | |
|---|---|---|---|---|---|
| a | 1-18年目 | 保険料<br>保険料積立金※1 | 300,000円<br>300,000円 | 現金・預金 | 600,000円 |
| | 19-30年目 | 保険料 | 1,020,000円 | 現金・預金<br>保険料積立金※2 | 600,000円<br>420,000円 |

※1　600,000円×1/2＝300,000円
※2　（300,000円×28年）÷20年＝420,000円

| | | 借方 | | 貸方 | |
|---|---|---|---|---|---|
| b | 1-9年目 | 保険料<br>保険料積立金※1 | 300,000円<br>300,000円 | 現金・預金 | 600,000円 |
| | 10-15年目 | 保険料 | 1,020,000円 | 現金・預金<br>保険料積立金※2 | 600,000円<br>420,000円 |

※1　600,000円×1/2＝300,000円
※2　(300,000円×28年)÷20年＝420,000円

### ★既契約の取扱い

　昭和62 (1987) 年7月1日前の契約についても，同日以後にその支払期日が到来するものについては，この取扱いを適用するとしていた。

　令和元 (2019) 年7月8日以後の契約は経理処理が変更されることとなったが，同日前の契約に遡ることはないとされた。

---

### Column 保険のキホン　契約者・被保険者・受取人

①契約者（保険契約者）

　契約者（保険契約者）は，保険会社と保険契約を結び，契約上のいろいろな権利（契約内容変更の請求権など）と義務（保険料の支払義務など）を有する者のこと。個人だけでなく法人も可能。

②被保険者

　被保険者は，保険の対象となる者のこと。この人の生死などが保険の対象（主体）となる。法人には生死がないので被保険者にはなれない。保険の契約者と被保険者が異なる場合には，契約時に被保険者の同意が必要となっている。

③受取人

　受取人とは，保険金や給付金を受け取る者のこと。契約者と被保険者は同じというケースが一般的だが，こども保険のように契約者は親で被保険者は子，と一致しない場合もある。

---

**★要するに**

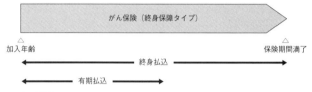

**▼がん保険**

　がんになった場合だけ保障される保険，がん以外の病気やケガの保障はないことが一般的。がん入院・がん手術などの給付金を受け取ることができる。

**▼医療保険**

　病院などにかかった場合に発生した入院費や手術費といった医療費の一部または全部を保障する保険。入院・手術などの給付金を受け取ることができる。

**▼長期傷害保険**

　ケガでの入院，手術，通院費用や不慮の事故による死亡や後遺障害などを保障する保険。災害入院・災害手術などの給付金，災害死亡保険金を受け取ることができる。

**▼成人病保険**

　成人病により死亡・入院・介護状態などになった場合に，成人病割増保険金，成人病入院給付金，成人病介護給付金などを受け取ることができる。

**▼介護費用保険**

　寝たきりまたは認知症により介護が必要な状態による保険金を受け取ることができる。

## ★保険料の経理処理

| 契約者 | 被保険者 | 第三分野給付金受取人 | 経理処理 |
|---|---|---|---|
| 法人 | 役員・従業員 | 法人 | 損金算入 |
| 法人 | 役員・従業員 | 被保険者 | 給与※ |

※一部の保険商品では，損金算入可能としたケースもある。

原則の取扱いは上記であったが，商品ごとに経理処理が変更された。

| 変更時期 | 保険種類 | | 経理処理 |
|---|---|---|---|
| 昭和50（1975）年10月6日以降 | がん保険(終身保障タイプ) | | 損金算入 |
| 昭和54（1979）年6月8日以降 | 成人病保険 | | 損金算入 |
| 平成元（1989）年12月16日以降 | 介護費用保険 | | 損金算入 |
| 平和13（2001）年8月10日以降※1 | がん保険・医療保険<br>(終身保障タイプ) | 終身払込 | 損金算入 |
| | | 有期払込 | 損金算入※2 |

※1　平成13（2001）年8月10日前の契約：同日以後の保険料はこの取扱い。
※2　当期分保険料（年払）｜＝支払保険料×保険料払込期間÷(105－加入時
　　　年齢)｜ を損金算入とする。

## ▼長期障害保険（終身保障タイプ）：平成18（2006）年4月28日以降

【終身払込】

105歳までを保険期間とする。

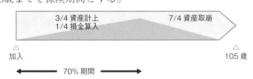

・前半70%期間（1年未満切捨て）

　支払保険料×1/4→損金算入，支払保険料×3/4→資産計上

・後半30%期間（105歳－資産計上期間）

　前払保険料累計額÷(105－前払期間経過年齢)→損金算入7/4

【有期払込】

　「支払保険料×保険料払込期間÷(105－加入時年齢)→当期分保険料（年払）」を当期分保険料として，終身払込と同様の取扱い。

## ▼がん保険（終身保障タイプ）：平成24（2012）年4月27日前契約

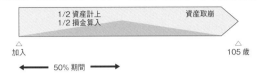

1/2 資産計上
1/2 損金算入　　　　　　　資産取崩

△
加入

△
105歳

◆── 50％ 期間 ──▶

【終身払込】

　105歳までを保険期間とする。

・前半50％期間（1年未満切捨て）

　支払保険料×1/2→損金算入，支払保険料×1/2→資産計上

・後半50％期間（105歳－資産計上期間）

　前払保険料累計額÷(105－前払期間経過年齢)→損金算入1/2

【有期払込】

　「支払保険料×保険料払込期間÷(105－加入時年齢)→当期分保険料（年払）」を当期分保険料として，終身払込と同様の取扱い。

（注）平成24（2012）年4月27日前の契約：同日前の契約は遡ることはない。ただし，解約返戻金のない商品（有期払込の払込終了時で少額の解約返戻金があるものを含む）は，保険料払込の都度，損金算入可能。

## ★経理処理
## ▼長期傷害保険（終身保障タイプ）

・当初7割期間（年按分，1年未満の端数はその端数を切捨て）

| 借方 | | 貸方 | |
|---|---|---|---|
| 保険料 | 保険料×1/4 | 現金・預金 | ×××  |
| 前払保険料 | 保険料×3/4 | | |

・取崩期間（保険期間から資産計上期間を差し引く）

| 借方 | | 貸方 | |
|---|---|---|---|
| 保険料 | 保険料×11/4 | 現金・預金 | ×××<br>保険料×7/4 |
| | | 前払保険料※ | |

※前払保険料（取崩額）：3/4（資産計上額）×7割（期間）÷3割（期間）=7/4

## ▼がん保険（終身保障タイプ）（平成24（2012）年4月27日以降）

・当初50％期間（年按分，1年未満の端数はその端数を切捨て）

| 借方 | | 貸方 | |
|---|---|---|---|
| 保険料 | 保険料×1/2 | 現金・預金 | ××× |
| 前払保険料 | 保険料×1/2 | | |

・取崩期間（保険期間から資産計上期間を差し引く）

| 借方 | | 貸方 | |
|---|---|---|---|
| 保険料 | 保険料×3/2 | 現金・預金 | ×××<br>保険料×1/2 |
| | | 前払保険料※ | |

※前払保険料（取崩額）：1/2（資産計上額）×50％（期間）÷50％（期間）=1/2

## ★考え方

　医療保険は死亡保障がないことから，病気などその保険の保障対象が発生しない限り，給付を受けることができない。このため，原則として保険料は損金算入（掛捨て）となる。

　しかし，対象の疾病等によっては途中での解約返戻金が大きくなることから，定期保険と同様に商品によって一部資産計上するように変更されていた。

## ★適用時期

| | | 昭和50年 | 昭和54年 | 平成元年 | 平成13年 | 平成14年 | 平成24年 | 令和元年 | 令和元年 |
|---|---|---|---|---|---|---|---|---|---|
| | | 1975.10.6 | 1979.6.8 | 1989.12.16 | 2001.8.10 | 2002 | 2012.4.27 | 2019.7.8 | 2019.10.7 |
| 第三分野保険 | | 損金算入 | | | | | | 最高返戻率により資産, 116歳まで期間按分 | |
| がん保険（終身保障タイプ） | 終身払込 | 損金算入 | | | 損金算入 | | 105歳50%期間1/2資産 | | |
| | 有期払込 | | | | 105歳まで期間按分 | | 期間按分後上記同様 | | |
| | 返戻金無 | | | | | | 損金算入 | | |
| 成人病保険 | | | 損金算入 | | | | | | |
| 長期傷害保険 | | | | 105歳70% 期間3/4資産 | | | | | |
| 医療保険（終身医療タイプ） | 終身払込 | | | | 損金算入 | | | | |
| | 有期払込 | | | | 105歳まで期間按分 | | | | |
| | 返戻金無 | | | | | | 損金算入 | | |

※平成24（2012）年以降の変更は，変更後の契約日のみが変更。

改正前契約の支払保険料は変更なし

41

定期保険特約付養老保険

## ★要するに

養老保険に定期保険または第三分野保険を付した商品。保険料が生命保険証券等で養老保険部分と定期保険または第三分野保険の保険料が区分されている場合は，それぞれその商品の経理処理とする。区分されていない場合は，養老保険と同様の取扱いとする。

## ★保険料の経理処理 ☞法人税基本通達9−3−6（123頁）

## ▼法人受取

・保険料が区分

| 契約者 | 被保険者 | 死亡保険金受取人 | 満期保険金受取人 | 区分 | 経理処理 |
|---|---|---|---|---|---|
| 法人 | 役員・従業員 | 法人 | 法人 | 養老 | 資産計上 |
| | | | | 定期 | 損金算入 |

支払った保険料は，定期と養老部分に区分し経理処理される。

| 借方 | | 貸方 | |
|---|---|---|---|
| 保険料（定期保険） | ××× | 現金 | ××× |
| 保険料積立金（養老保険） | ××× | | |

・保険料が未区分

| 契約者 | 被保険者 | 死亡保険金受取人 | 満期保険金受取人 | 経理処理 |
|---|---|---|---|---|
| 法人 | 役員・従業員 | 法人 | 法人 | 資産計上 |

支払った保険料は，養老部分として経理処理される。

| 借方 | | 貸方 | |
|---|---|---|---|
| 保険料積立金（全額） | ××× | 現金 | ××× |

#### ▼遺族受取

| 契約者 | 被保険者 | 死亡保険金受取人 | 経理処理 |
|---|---|---|---|
| 法人 | 役員・従業員 | 被保険者の遺族 | 給与 |

支払った保険料は，被保険者本人に現物支給として給与課税される。

| 借方 | | 貸方 | |
|---|---|---|---|
| 給与 | ××× | 現金・預金 | ××× |

### ★考え方

生命保険は，主契約に特約をプラスして構成されることが多く，主契約としては養老保険や終身保険など，特約としては定期保険や第三分野保険などが付加されることが多くなっている。

以前は，商品として○倍型といった形で養老保険に定期保険を○倍付加し，その保険料を区分しないで販売されていた。しかし，昭和55（1980）年に保険料の基本通達が発遣されてからは，区分した商品が主流となっている。

最近では，単品の主契約をいくつか組み合わせて商品としていることも多くなっている。

### ★まとめ

特約ごとに判断して経理処理することが求められる。

## 1-14 特約に係る保険料

### ★要するに

特約として主契約に付加された場合は，その特約の内容に応じて
それぞれ，養老保険や定期保険および第三分野保険などの取扱いの
例にしたがって経理処理される。

### ★保険料の経理処理　☞法人税基本通達9-3-6の2（123頁）

養老保険（法人税基本通達9-3-4，☞119頁）や定期保険および
第三分野保険（法人税基本通達9-3-5，9-3-5の2，☞119,
120頁）に準じて経理処理される。

| 契約者 | 被保険者 | 死亡保険金受取人 | 満期保険金受取人 | 区分 | 経理処理 |
|---|---|---|---|---|---|
| 法人 | 役員・従業員 | 法人 | 法人 | 養老 | 資産計上 |
| | | | | 定期 | 損金算入 |

支払った保険料は，定期と養老部分に区分し経理処理される。

例（定期保険・第三分野保険は最高解約返戻率50％以下）

| 特約名 | 区分 | 特約名 | 区分 |
|---|---|---|---|
| 養老買増特約 | 資産計上 | がん特約 | 損金算入 |
| 終身買増特約 | 資産計上 | 入院特約 | 損金算入 |
| 年金買増特約 | 資産計上 | 手術特約 | 損金算入 |
| 定期保険特約 | 損金算入 | 災害割増特約 | 損金算入 |

| 借方 | | 貸方 | |
|---|---|---|---|
| 保険料（定期保険等） | ×××  | 現金 | ××× |
| 保険料積立金（養老保険等） | ×××  | | |

## ★考え方

　当初は，傷害特約のみを記載した内容であったが，改正により特約ごとに商品性を確認して経理処理することとなった。

## ★注意点

　定期特約や医療特約の場合には，特約ごとに最高解約返戻率が50％に該当するか否かの確認が必要となる。

　特約ごとの最高解約返戻率は，特約ごとに解約返戻金と支払保険料を確認して算出する。最高解約返戻率が50％超に該当する場合，保険料の一部を資産計上することも必要になる。

## ★まとめ

　各社の商品によって，特約は非常に多く付加されている商品もあるため，一つひとつ確認して経理処理することが求められる。

## 1-15 組込型保険 -終身保障タイプ-

### ★要するに

組込型保険とは，死亡保険金と第三分野保障（三大疾病保障，介護保障等）に対する保障が同額程度の商品で，保障期間が終身の商品。

### ★保険料の経理処理

死亡保険金
三大疾病保険金

契約

法人税基本通達9-3-5または法人税基本通達9-3-5の2（☞119，120頁）の取扱いが適用される。ただし，法人税基本通達9-3-4(1)（☞119頁）の取扱いも可。

### ▼令和元（2019）年7月26日国税庁からの生命保険協会への連絡

| 契約者 | 被保険者 | 死亡保険金受取人 | 三大疾病保険金受取人 | 経理処理※ |
|--------|----------|------------------|----------------------|-----------|
| 法人 | 役員・従業員 | 法人 | 法人 | 資産計上損金算入 |

※最高解約返戻率によって資産計上割合が変更になる。定期保険および第三分野保険の経理処理に準じる。
※保険料の払込が有期の場合，116歳を計算上の保険期間として期間按分する。
・払込期間が有期の場合
　保険料の払込が有期の場合には，被保険者年齢が116歳に達する日までを計算上の保険期間として期間按分して計算をする。
　＜払込期間＞
　保険料：支払保険料×払込期間÷（116歳－加入時の被保険者年齢）
　＜払込期間終了後＞
　保険料（取崩し）：払込満了時点の前払保険料累計額÷（116歳－払込満了時の被保険者年齢）
・最高解約返戻率に応じた資産計上
　支払った保険料は，第三分野保険と同様に最高解約返戻率に応じて，経理処理が変更される。

| 最高解約返戻率 | 資産計上額 | 損金算入額 | 資産計上期間 | 取崩期間 |
|---|---|---|---|---|
| ≦50% | 0 | 全額 | − | − |
| 50%<≦70% | 40% | 60% | 前半40%期間（1月未満切捨て） | 後半25%期間（1月未満切上げ） |
| | ※被保険者1人当たり年換算保険料30万円以下は全額損金算入可能 | | | |
| 70%<≦85% | 60% | 40% | | |
| 85%< | **1年目～10年目** | | 最高解約返戻率年度まで※解約返戻金の増加分÷年換算保険料相当額>70% 期間も含む※資産計上期間が5年未満は5年※保険期間10年未満は前半50%期間 | 最高解約返戻金額となる年度経過後 |
| | 最高解約返戻率×90% | 100% −（最高解約返戻率×90%） | | |
| | **11年目以降** | | | |
| | 最高解約返戻率×70% | 100% −（最高解約返戻率×70%） | | |

## ★考え方

　死亡保障の終身保険は養老保険に準じて経理処理されており，資産計上となるのに対し，第三分野保険は定期保険と同様に最高解約返戻率に応じて損金算入が認められていることから，その取扱いをはっきりさせた。

　死亡保障を含んでいることから，一般的には解約返戻金は高い水準となるため，最高解約返戻率が高いものも多い。

　ただし，低解約返戻金タイプの場合には，同水準の保障でも保障期間中に解約した場合に受け取る解約返戻金が低く抑えられており，保険料を割安に準備できる。このタイプの場合には，損金算入しながら死亡保障・第三分野の保障を終身にわたって準備できる商品となる。

## ★要するに

　年金支払開始日に生存している場合に，年金支払開始日以後に一定期間にわたって年金が支払われ，年金支払開始日までに死亡した場合には，保険料払込期間の経過期間に応じて逓増する死亡給付金が支払われる商品。

**★保険料の経理処理** ☞平成2（1990）年5月30日直審4-19（☞124頁）

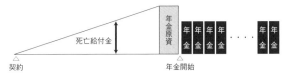

△契約　　　　　　　　　　　　　　　　△年金開始

| | 契約者 | 被保険者 | 死亡給付金受取人 | 年金受取人 | 経理処理 |
|---|---|---|---|---|---|
| ① | 法人 | 役員・従業員 | 法人 | 法人 | 資産計上 |
| ② | 法人 | 役員・従業員 | 被保険者の遺族 | 被保険者 | 給与 |
| ③※ | 法人 | 役員・従業員 | 被保険者の遺族 | 法人 | 9/10資産計上 1/10福利厚生費 |

※普遍的加入以外の場合は10分の9資産計上，10分の1給与。

① 【契約形態】契約者：法人，被保険者：役員・従業員，死亡給付金受取人：法人，年金受取人：法人

　保険料は資産に計上される。

| 借方 | 貸方 |
|---|---|
| 保険料積立金　　　　　　×××  | 現金・預金　　　　　　×××  |

② 【契約形態】契約者：法人，被保険者：役員・従業員，死亡給付金受取人：被保険者の遺族，年金受取人：被保険者本人

　保険料は被保険者に対する給与となる。なお，この現物支給され

た給与についても，他の給与と同様に社会保険料の収入となり，社会保険料の標準報酬月額に含まれる。

| 借方 | | 貸方 | |
|---|---|---|---|
| 給与 | ××× | 現金・預金 | ××× |

③【契約形態】契約者：法人，被保険者：役員・従業員，死亡給付
　　　　　　金受取人：被保険者の遺族，年金受取人：法人

保険料は10分の９が資産計上，10分の１が福利厚生費となる。

| 借方 | | 貸方 | |
|---|---|---|---|
| 保険料積立金 | ××× （9/10） | 現金・預金 | ××× |
| 福利厚生費 | ××× （1/10） | | |

ただし，加入内容が普遍的加入（☞12頁）に該当しない場合は，保険料の10分の９が資産計上，10分の１が給与とされる。

| 借方 | | 貸方 | |
|---|---|---|---|
| 保険料積立金 | ××× （9/10） | 現金・預金 | ××× |
| 給与 | ××× （1/10） | | |

普遍的加入の基準は，養老保険と同様とされている。養老保険に対して年金保険のほうが生存保険料に充当される部分が大きいとして，９割を資産計上とされている。


★まとめ

受取人によって，経理処理が以下のとおり相違する。

| 受取人 | | 年金受取人 | |
|---|---|---|---|
| | | 法人 | 被保険者 |
| 死亡給付金受取人 | 法人 | 資産計上 | ― |
| | 被保険者の遺族 | 9/10資産計上<br>1/10福利厚生費 | 給与 |

## ★要するに

　既に加入している保険を活用して，新しい保険を契約する方法。現在加入している保険の積立部分や積立配当金を「転換（下取り）価格」として新しい保険契約の一部に充てる方法で，元の契約は消滅する。

　積立配当金がある場合，転換時には配当金も含んで転換後契約の責任準備金として充当する。

## ★保険料の経理処理

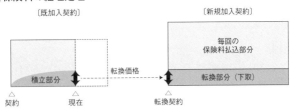

〔既加入契約〕　　　　　　　　　　　　　　〔新規加入契約〕

毎回の
保険料払込部分

転換価格

積立部分　　　　　　　　　　　　　転換部分（下取）

△契約　　　△現在　　　　　　　　　　△転換契約

　転換時には，資産計上している保険料の額のうち，転換後の責任準備金に充当される部分の金額を超える部分の金額を転換した日の属する事業年度の損金の額に算入できる。☞法人税基本通達9−3−7（123頁）

## ▼資産計上額（既契約）＋配当積立金＞責任準備金（転換後）の場合

| 借方 | | 貸方 | |
|---|---|---|---|
| 保険料積立金（転換後） | ××× | 保険料積立金（既契約） | ××× |
| 雑支出 | ××× | （配当積立金） | ××× |

　資産計上されている保険料積立金と配当積立金との合計額と，責任準備金として保険料積立金に計上する金額の差額を，雑支出として損金に算入できる。

## ▼資産計上額（既契約）＋配当積立金＜責任準備金（転換後）の場合

| 借方 | | 貸方 | |
|---|---|---|---|
| 保険料積立金（転換後） | ××× | 保険料積立金（既契約） | ××× |
| | | （配当積立金） | ××× |
| | | 雑収入 | ××× |

　資産計上されている保険料積立金と配当積立金の合計額と責任準備金として保険料積立金に計上する金額の差額は，雑収入として益金に算入する。

## ▼無配当定期保険から転換の場合

| 借方 | | 貸方 | |
|---|---|---|---|
| 保険料積立金（転換後） | ××× | 雑収入 | ××× |

　無配当の定期保険で最高解約返戻率50％以下の場合などは，既契約として資産計上している金額がないため，責任準備金として資産計上すべきである。

## ★考え方

　転換契約は，旧契約を解約して新しい契約に加入することであるが，元の契約が更改されるという考え方から，元契約の配当を受け取る権利などを引き継ぐことができることとされている。

　転換時に現金の授受があるわけではないが，転換時には必ず新しい契約に移転される責任準備金額を資産計上することが必要となる。

## ★要するに

既に加入している保険契約から新しい保険契約の一部に「転換
（下取り）価格」として充当する方法で，充当の方法には基本転換方
式・比例転換方式・定期転換方式・前納方式など商品によって相違
する。

## ★保険料の経理処理
### ▼定期保険特約付終身保険に転換した場合

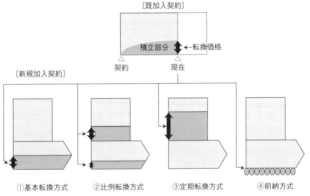

①基本転換方式　②比例転換方式　③定期転換方式　④前納方式

転換後の契約に充当する責任準備金の金額については，その転換
のあった日に保険料の一時払いをしたものとして転換後契約の内容
に応じて経理処理される。転換の方式には，いくつかの方法があ
り，その方法によって経理処理が相違する。☞法人税基本通達9−3
−7（123頁）

## ①基本転換方式

一時払いで終身保険に充当しているので，転換時に資産計上され
ている保険料積立金として計上しており，転換後の契約は支払った
保険料を終身保険の平準払い部分と定期保険の平準払い部分とに区

分して計上する。

| 借方 | | 貸方 | |
|---|---|---|---|
| 保険料積立金（転換後） | ××× | 現金 | ××× |
| 保険料（転換後） | ××× | | |

### ②比例転換方式

　一時払保険料として終身保険と定期保険に充当している。終身保険部分については，転換時に資産計上されている保険料積立金となる。定期保険部分については，転換時に前払保険料として資産計上している金額を期間按分して損金算入する。

| 借方 | | 貸方 | |
|---|---|---|---|
| 保険料積立金（転換後） | ××× | 現金 | ××× |
| 保険料（転換後） | ××× | 前払保険料（転換時） | ××× |
| 保険料（転換時） | ××× | | |

### ③定期転換方式

　一時払保険料として定期保険に充当している。定期保険部分については，一時払保険料を転換時に前払保険料として資産計上しており，この金額を期間按分して損金算入する。

| 借方 | | 貸方 | |
|---|---|---|---|
| 保険料積立金（転換後） | ××× | 現金 | ××× |
| 保険料（転換後） | ××× | 前払保険料（転換時） | ××× |
| 保険料（転換時） | ××× | | |

### ④前納方式

　転換時に責任準備金相当額を保険料積立金として資産計上している。この金額を期間按分して保険料積立金として取り崩し，保険料に充当する金額との差額を雑収入として計上する。

| 借方 | | 貸方 | |
|---|---|---|---|
| 保険料積立金（転換後） | ××× | 現金 | ××× |
| 保険料（転換後） | ××× | 保険料積立金（転換時） | ××× |
| | | 雑収入 | ××× |

## ★要するに

保険料の「前納」とは，将来支払う予定の保険料の一部または全部を，前もってまとめて支払うことをいう。保険料を前納することで所定の割引がある。

前納された保険料はいったん保険会社が預かり（保険料前納金），その預かり金の中から毎回の保険料として充当する。

## ★考え方

保険料を前納する場合は，前納割引率を用いて割り引いた保険料を支払う。保険会社は預かった保険料を前納積立率で積み立て，毎回の保険料として支払う。前納積立率は毎年変更される。

・前納割引率＜前納積立率 → 前納終了時に精算金を受け取る。
・前納割引率＞前納積立率 → 前納期間中の保険料は保障されている。

## ★保険料の経理処理

例

| | 保険種類 | 契約者 | 被保険者 | 死亡保険金受取人 |
|---|---|---|---|---|
| | 定期保険<br>（最高解約返戻率50％以下） | 法人 | 役員・従業員 | 法人 |

| 前納割引率 | 期始払前納割引率 | 前納積立率 | 保険料 |
|---|---|---|---|
| 1 ％ | 10年　9.566 | 1 ％ | 100,000円 |

※100,000円×9.566＝956,600円　（956,600円－100,000円）×1.01＝865,166円

54

## ▼前納利息の通知を受け取る場合

・前納保険料支払時

| 借方 | | 貸方 | |
|---|---|---|---|
| 前払保険料 | 956,600円 | 現金 | 956,600円 |

・初回保険料

| 借方 | | 貸方 | |
|---|---|---|---|
| 保険料 | 100,000円 | 前払保険料 | 100,000円 |

・利息通知（保険会社から毎年の利息が通知される）

| 借方 | | 貸方 | |
|---|---|---|---|
| 前払保険料※ | 8,566円 | 雑収入 | 8,566円 |

※　（956,600円 − 100,000円）× 0.01 = 8,566円

・1年後の保険料

| 借方 | | 貸方 | |
|---|---|---|---|
| 保険料 | 100,000円 | 前払保険料 | 100,000円 |

## ▼前納利息通知を受け取らない場合

・前納保険料支払時

| 借方 | | 貸方 | |
|---|---|---|---|
| 前払保険料 | 956,600円 | 現金 | 956,600円 |

・初回保険料・継続保険料

| 借方 | | 貸方 | |
|---|---|---|---|
| 保険料 | 100,000円 | 前払保険料※ | 95,660円 |
| | | 雑収入 | 4,340円 |

※956,600円 ÷ 10 = 95,660円

　前納利息を通知しない場合もあるため，その場合は按分しての経理処理となる。

　月払の1年間の前納などの場合は，一般的には利息通知は送られないため，月ごとに按分し経理処理する。

## ★要するに

保険料払込期間の全期間の保険料を支払う方法として，「一時払」と「全期前納」があるが，両者で経理処理なども相違する。

| | | |
|---|---|---|
| 一時払 | 全保険期間分の保険料を，1回で支払う。 | ・死亡保険金支払時にも保険料の返還はない。<br>・中途解約した場合にも，保険料の返還はなく解約返戻金のみ支払われる。解約返戻金は全期前納よりも大きい。 |
| 全期前納 | 本来は月払・年払の保険料を，全保険期間分をまとめて1回で支払う。 | ・死亡保険金支払時，保険金等とは別に，保険料に未充当の預り金は返還される。<br>・中途解約した場合にも，解約返戻金とは別に，未充当の預り金は返還される。 |

## ★経理処理

【契約形態】契約者：法人，被保険者：役員・従業員，死亡保険金
　　　　　　受取人：法人

## ▼保険商品が定期保険の場合

保険料は期間の経過に応じて損金算入する。

| ・一時払 | ・前納 |
|---|---|
|  | 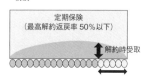 |

・一時払保険料

　一時払で支払った保険料を月按分して経理処理。

a. 保険料支払時

| 借方 | 貸方 |
|---|---|
| 前払保険料　　　　　　　　×××| 現金　　　　　　　　　　　×××|

b．決算時

| 借方 | | 貸方 | |
|------|---|------|---|
| 保険料※ | ××× | 前払保険料 | ××× |

※保険料＝一時払保険料×経過月数（決済期間）÷保障期間

・全期前納

　契約の払い方が月払・半年払・年払に合わせて経理処理。

a．前納保険料支払時

| 借方 | | 貸方 | |
|------|---|------|---|
| 前払保険料 | ××× | 現金 | ××× |

b．払込期月（保険料振替）

| 借方 | | 貸方 | |
|------|---|------|---|
| 保険料 | ××× | 前払保険料 | ××× |

c．利息通知（保険会社から毎年の利息が通知）

| 借方 | | 貸方 | |
|------|---|------|---|
| 前払保険料 | ×× | 雑収入 | ×× |

## ▼保険商品が終身保険の場合

　保険料は資産計上する。

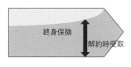

・一時払

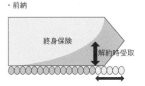

・前納

・一時払保険料

　一時払で支払った保険料を全額資産計上。

ａ．保険料支払時

| 借方 | | 貸方 | |
|---|---|---|---|
| 保険料積立金 | ××× | 現金 | ××× |

・全期前納

　前納で支払った保険料と利息通知を経理処理。

ａ．前納保険料支払時

| 借方 | | 貸方 | |
|---|---|---|---|
| 保険料積立金 | ××× | 現金 | ××× |

ｂ．利息通知（保険会社から毎年の利息が通知）

| 借方 | | 貸方 | |
|---|---|---|---|
| 保険料積立金 | ×× | 雑収入 | ×× |

# 第 2 章

# 保険金の税務と経理処理

## ★要するに

　会社が受け取った死亡保険金は益金に算入し，死亡発生までその契約に対して資産計上していた保険料積立金などを取り崩して処理する。

## ★経理処理

| 保険商品 | 契約者 | 被保険者 | 死亡保険金受取人 | 満期保険金・年金受取人 | 経理処理 |
|---|---|---|---|---|---|
| 養老保険 | 法人 | 役員・従業員 | 法人 | 法人 | 資産計上 |
| 終身保険 | | | | | 資産計上 |
| 定期保険※1 | | | | | 損金算入 |
| 前払定期保険※2 | | | | | 一部損金算入 |
| 年金保険 | | | | 法人 | 資産計上 |

※1　定期保険および第三分野保険。
※2　前払定期保険とは，最高解約返戻率50％超の定期保険または第三分野保険のこと。

## ▼保険料が資産計上されている場合

・保険料積立金（＋配当金積立金）＜死亡保険金

| 借方 | | 貸方 | |
|---|---|---|---|
| 現金 | ×××  | 保険料積立金 | ××× |
| | | （配当金積立金） | ××× |
| | | 雑収入 | ××× |

・保険料積立金（＋配当金積立金）＞死亡保険金※

| 借方 | | 貸方 | |
|---|---|---|---|
| 現金 | ×××  | 保険料積立金 | ××× |
| 雑支出 | ×××  | （配当金積立金） | ××× |

※死亡保険金が保険料積立金を下回るケースはあまりないが，終身払終身保険などで長生きして死亡保険金を受け取った場合には発生しうる。

## ▼資産計上がない場合

| 借方 | | 貸方 | |
|---|---|---|---|
| 現金 | ××× | 雑収入 | ××× |

・法人が受け取った保険金を退職慰労金・弔慰金として支払い

| 借方 | | 貸方 | |
|---|---|---|---|
| 退職金 | ××× | 現金 | ××× |

※退職金を被保険者の遺族が受け取った場合の個人の課税

死亡退職金の非課税限度額＝500万円×法定相続人の数

| 借方 | | 貸方 | |
|---|---|---|---|
| 弔慰金 | ××× | 現金 | ××× |

※弔慰金を被保険者の遺族が受け取った場合の個人の課税

・業務上死亡：最終報酬月額×36ヵ月
・業務外死亡：最終報酬月額×6ヵ月


## ★考え方

　死亡保険金を受け取ることで，保険契約が消滅することになるため，それまで計上していた保険料積立金のほか，配当金積立金や前払保険料など，すべての資産計上額を取り崩して，その差額を雑収入または雑支出として処理する。

　法人が受け取った死亡保険金は，被保険者の退職金・弔慰金として支払うほか，法人としてのその被保険者の死亡によることで，法人が受けるリスクに対する補填のためにも活用される。

死亡保険金 −遺族受取−

## ★要するに

死亡保険金は直接，被保険者の遺族に支払われる。会社は死亡発生までその契約に対して資産計上していた保険料積立金や配当金積立金がある場合には，その金額を取り崩して処理する。

## ★経理処理

| 保険商品 | 契約者 | 被保険者 | 死亡保険金受取人 | 満期保険金・年金受取人 | 経理処理 |
|---|---|---|---|---|---|
| 養老保険 | 法人 | 役員・従業員 | 被保険者の遺族 | 被保険者 | 給与 |
| | | | | 法人 | 1/2給与※2<br>1/2資産計上 |
| 終身保険 | | | | | 給与 |
| 定期保険※1 | | | | | 給与 |
| 年金保険 | | | | 被保険者 | 給与 |
| | | | | 法人 | 9/10給与※2<br>1/10資産計上 |

※1　定期保険および第三分野保険。
※2　役員・従業員の一部が加入している場合。

死亡保険金は死亡保険金受取人である被保険者の遺族に直接支払われる。一部の保険会社では，法人を経由して支払う場合もあるが，その場合は法人では経理処理が必要になる。

## ▼資産計上がある場合

| 借方 | | 貸方 | |
|---|---|---|---|
| 雑支出 | ×××　 | 保険料積立金 | ××× |
| | | （配当金積立金） | ××× |

保険料積立金や配当金積立金などの，この契約に関して計上していた資産計上額を取り崩して全額を雑支出とする。

## ▼資産計上がない場合

経理処理なし。

## ▼死亡保険金が直接支払われた場合

・個人が加入していた死亡保険金と合算

> 死亡保険金の非課税限度額＝500万円×法定相続人の数

## ▼死亡保険金を被保険者の退職慰労金・弔慰金に充当する旨，退職慰労金規程で規定している場合

・会社から支払われる退職金と合算

> 死亡退職金の非課税限度額＝500万円×法定相続人の数

・会社から支払われる弔慰金と合算

> 業務上死亡：最終報酬月額×36ヵ月
> 業務外死亡：最終報酬月額×6ヵ月

---

### Column 保険のキホン　保険金と給付金

保険会社から支払われるものに保険金と給付金がある。

・保険金

（例）死亡保険金・満期保険金・高度障害保険金　等

保険契約の主目的で支払われるもので，この支払をすることで契約が消滅する。また，一般的には保険金受取人として受取人を指定して契約をする（ただし，高度障害保険金などのように被保険者が受け取ることとなっている保険金もある）。

・給付金

（例）入院給付金・手術給付金・個人年金の死亡給付金等

保険会社から受取人に支払われた後も契約が継続するもので，何度も支払が可能な場合も多く，上限額（ない場合もある）まで契約（保障）が継続する。また，給付金の受取人は，一般的には指定せず，被保険者となることが多い。

また，この支払をうることで契約が消滅する場合でも，この支払がその保険商品の主目的ではなく従目的で受け取る場合にも給付金と呼称している。この給付金は受取人を指定していることが多い。

## ★要するに

会社が受け取った収入保障保険金はその都度益金に算入し，死亡発生までその契約に対して資産計上していた保険料積立金などは期間按分して取り崩して処理する。

## ★経理処理 ☞平成15（2003）年12月15日国税庁「電話等照会回答連絡票」
（129頁）

【契約形態】契約者：法人，被保険者：役員・従業員，収入保障保険金受取人：法人

### ▼年金受取

・定期保険（保険料積立金がない場合）

| 借方 | | 貸方 | |
|---|---|---|---|
| 現金 | ××× | 雑収入 | ××× |

・終身保険（保険料積立金がある場合）

| 借方 | | 貸方 | |
|---|---|---|---|
| 現金 | ××× | 保険料積立金（取崩額）※ | ××× |
|  |  | 雑収入 | ××× |

※保険料積立金（取崩額）＝保険料積立金（積立額）÷受取回数

### ▼一部一括受取

・定期保険（保険料積立金がない場合）

〈一部一括受取時〉

将来の年金に対する未払年金現価を未収金として計上する。

| 借方 | | 貸方 | |
|---|---|---|---|
| 現金 | ××× | 雑収入 | ××× |
| 未収金※ | ××× |  |  |

※未収金＝未払年金年額×期間に応じた予定利率の年金現価

〈一部一括後に年金を受け取った時〉

　未払年金現価は，未払年金の総額（未払年金年額×受取回数）よりは下回る（予定利率で割引）。

| 借方 | | 貸方 | |
|---|---|---|---|
| 現金 | ××× | 未収金（取崩額）※ | ××× |
| | | 雑収入 | ××× |

※未収金（取崩額）＝一部一括時に計上した未収金（積立額）÷受取回数

・終身保険（保険料積立金がある場合）

〈一部一括受取時〉

　一部一括を受けた時点で，将来の年金に対する未払年金現価を未収金として資産に計上，保険料積立金（取崩額＝保険料積立金（積立額）÷受取回数）を未払年金現価として取り崩す。

| 借方 | | 貸方 | |
|---|---|---|---|
| 現金 | ××× | 保険料積立金（取崩額）※2 | ××× |
| 未収金※1 | ××× | 雑収入 | ××× |

※1　未収金＝未払年金年額×期間に応じた予定利率の年金現価
※2　保険料積立金（取崩額）＝毎回の保険料積立金×期間に応じた予定利率の年金現価
　　　毎回の保険料積立金（取崩額）＝保険料積立金（積立額）÷受取回数

〈一部一括後に年金を受け取った時〉

　未払年金現価は，未払年金の総額（未払年金年額×受取回数）よりは下回る（予定利率で割引）。

| 借方 | | 貸方 | |
|---|---|---|---|
| 現金 | ××× | 未収金（取崩額）※1 | ××× |
| | | 保険料積立金（取崩額）※2 | ××× |
| | | 雑収入 | ××× |

※1　未収金（取崩額）＝一部一括時に計上した未収金（積立額）÷受取回数
※2　保険料積立金（取崩額）＝一部一括時に計上した保険料積立金額÷受取回数

★考え方

　死亡保険金の年金受取は，契約者が死亡発生前に収入保障特約や年金受取特約を付加していた場合に適用され，死亡保険金受取人が年金受取を選択した場合は，一時金での経理処理となる。

**収入保障保険金 －個人受取－**

## ★要するに

　被保険者の遺族が収入保障保険金を受け取ることになるため，死亡発生までその契約に対して資産計上していた保険料積立金などは死亡発生時に取り崩す。

## ★経理処理

　【契約形態】契約者：法人，被保険者：役員・従業員，収入保障保　　　　　　　　　険金受取人：被保険者の遺族

### ▼死亡発生時

・定期保険（保険料積立金がない場合）

　経理処理不要。

・終身保険（保険料積立金などがある場合）

| 借方 | | 貸方 | |
|---|---|---|---|
| 雑支出 | ××× | 保険料積立金（取崩額） | ××× |

　〈参考〉死亡退職金の一部として支払った場合，受給権の評価額が　　　　　　死亡退職一時金となり，「500万円×法定相続人の数」が非　　　　　　課税となる。

### ▼年金受取時

　個人が受け取っているため，法人の経理処理はない。

　〈参考〉個人が受け取った年金が法人から遺族に支払われた場合，　　　　　　遺族年金として支払われた場合は非課税となる。

### ▼一部一括受取

　収入保障保険金を個人が受け取っているため，法人での経理処理はない。

## ★考え方

　死亡の発生により支払われる収入保障保険金は被保険者の遺族に支払われる。そのため，課税は個人として取り扱われる。

〈注意点〉

　保険金等を保険金支払事由発生日前に年金払により支払を受けることとしていた場合と，支払事由発生後に年金払として支払を受ける場合では，取扱いは相違することに注意。

〈参考〉収入保障保険の保険金の収益計上について

【契約形態】契約者：法人，被保険者：役員・従業員，収入保障保
険金受取人：法人

| 支払方法 | 受取方法 | | 収益計上 | |
|---|---|---|---|---|
| 年金払 | 年金払 | | 支払事由発生時に一括払を請求した場合の金額を計上（利息相当額は年金払時に計上） | 年金払時に年金額を計上 |
| | 中途一括 | 全部 | 一括払請求時に一括払の請求額を計上 | |
| | | 一部一括 | 一部一括払請求時に全部を一括払請求した場合の金額を計上（年金払分の利息相当額は年金払時に計上） | |
| 一括払 | 全部 | | 支払通知受領時に一括払の金額を計上 | |
| | 一部一括 | | 支払事由発生時に全部を一括払請求した場合の金額を計上（年金払分の利息相当額は年金払時に計上） | |

## 2-5 満期保険金―会社受取（年金受取）―

**★要するに**

会社が受け取った満期保険金は益金に算入し，満期までその契約に対して資産計上していた保険料積立金などを取り崩して処理する。

**★経理処理**

| 保険商品 | 契約者 | 被保険者 | 死亡保険金受取人 | 満期保険金受取人 | 経理処理 |
|---|---|---|---|---|---|
| 養老保険 | 法人 | 役員・従業員 | 法人 | 法人 | 資産計上 |
| | | | 被保険者の遺族※ | | 1/2資産計上 1/2損金算入 |

※役員その他特定の使用人の場合，給与課税。

・保険料積立金（＋配当金積立金）＜満期保険金

| 借方 | | 貸方 | |
|---|---|---|---|
| 現金 | ×××| 保険料積立金 | ××× |
| | | （配当金積立金） | ××× |
| | | 雑収入 | ××× |

死亡保険金受取人が被保険者の遺族で，支払保険料を2分の1損金算入，2分の1資産計上している場合には，満期保険金は資産計上された保険料積立金よりも大きくなり，含み益を持っているため益金が大きくなる。そこで，この満期保険金を退職慰労金などとして損金算入をするケースも多い。

| 借方 | | 貸方 | |
|---|---|---|---|
| 退職金 | ××× | 現金 | ××× |

・保険料積立金（＋配当金積立金）＞満期保険金

| 借方 | | 貸方 | |
|---|---|---|---|
| 現金 | ×××  | 保険料積立金 | ×××  |
| 雑支出 | ×××  | （配当金積立金） | ×××  |

　養老保険は，予定利率が低く予定死亡率の高い（年齢が高い）場合には，支払った保険料の累計額を満期保険金が下回ることも多く，満期時には雑支出となるケースも多い。


## ★満期保険金を年金受取

　満期保険金を受取前に年金受取としていた場合（満期保険金の年金払特約を付加），満期時に一度に処理するわけではなく，年金受取の都度に経理処理する（個人年金の法人受取と同様）。

| 借方 | | 貸方 | |
|---|---|---|---|
| 現金 | ×××  | 保険料積立金（取崩額）※ | ×××  |
| | | （配当金積立金） | ×××  |
| | | 雑収入 | ×××  |

※保険料積立金（取崩額）＝保険料積立金×受取年金額÷受取年金総額


## ★考え方

　満期保険金を受け取ることで，保険契約が消滅することになるため，それまで計上していた保険料積立金のほか，配当金積立金や前払保険料などすべての資産計上額を取り崩して，その差額を雑収入または雑支出として処理する。

　法人が受け取った満期保険金は，被保険者の退職金・弔慰金として支払うほか，法人としての周年行事費や従業員の福利厚生費など損金算入されるものとして活用することを当初から意識することも必要。

## ★要するに

満期保険金は直接被保険者本人に支払われる。会社は満期発生までその契約に対して資産計上していた配当金積立金などがある場合には，その金額を取り崩して処理する。

## ★経理処理

| 保険商品 | 契約者 | 被保険者 | 死亡保険金受取人 | 満期保険金受取人 | 経理処理 |
|---|---|---|---|---|---|
| 養老保険 | 法人 | 役員・従業員 | 被保険者の遺族 | 被保険者 | 給与 |
| | | | 法人※ | | 1/2給与 1/2損金算入 |

〔注意〕※印のパターンの契約形態は税法上では説明がなく，この経理処理でよいかということも不明。ただし，この形で受け取った満期保険金に対しての課税については判例が出ており後述する。

満期保険金は満期保険金受取人である被保険者に支払われる。一部保険会社では，法人を経由して支払う場合もあるが，その場合も法人を経由した経理処理。

## ▼資産計上がある場合

配当金積立金などの，この契約に関して計上していた資産計上額を取り崩して全額を雑支出とする。

| 借方 | | 貸方 | |
|---|---|---|---|
| 雑支出 | ××× | 配当金積立金 | ××× |

## ▼資産計上がない場合

経理処理なし。

### ▼満期保険金が直接支払われた場合

個人が加入していた保険と同様に一時所得として課税。

一時所得の課税額＝ |満期保険金－給与課税された保険料－50万円（その年の他の一時所得と合算）| ×1/2

### 〈給与課税された保険料〉 ☞同所得税基本通達34-4 （118頁）

満期保険金等の支払を受ける者が自ら支出した保険料，または本人以外が支出した場合は，自らが負担して支出したと認められる保険料とされたことから，必要経費は給与課税された保険料のみとされた。

### ★考え方

法人が支払っているが，個人に給与課税された部分については，満期保険金を受け取った場合には，個人が負担した給与課税された部分を必要経費として一時所得課税される。

### 〈参考〉

【契約形態】満期保険金：被保険者本人，死亡保険金受取人：被保険者の遺族

従前は，この給与課税された保険料は，税務上は給与課税されていても，社会保険の所得には該当しないとされ，社会保険料負担を引き下げることができるとして，このタイプの保険に加入していた場合もあった。しかし，現在では現物支給された給与についても社会保険の所得とされている。

【契約形態】満期保険金：被保険者本人，死亡保険金受取人：法人

2分の1給与・2分の1保険料（損金算入）として経理処理できるという考え方は，不明である。ただし，この形態で加入された場合には，必要経費は全額ではなく給与課税された金額であることが，判例などで判明している。

## ★要するに

会社が受け取った第三分野給付金・第三分野保険金は，益金に算入される。第三分野保険金を受け取ることで，この契約が消滅する場合には，その契約に対して資産計上していた保険料積立金などは全額取り崩して処理する。

## 〈参考〉給付金と保険金

保険金と給付金はどちらも保険から支払われる。一般的に保険金と給付金の違いは，その商品の本来の目的で支払われることでその保険が消滅する場合は保険金，その保険の本来の目的ではないが支払われてその保険が消滅する場合や，その保険の本来の目的で支払われるが何度も支払われ，支払ってもその保険が消滅しない場合には給付金とされている（商品ごとに約款で定められており，会社によって相違する）。

## ★経理処理

【契約形態】契約者：法人，被保険者：役員・従業員，第三分野給付金・保険金：法人

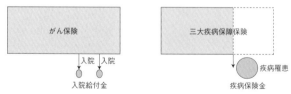

## ▼給付金受取（契約が消滅しない場合）

| 借方 | | 貸方 | |
|---|---|---|---|
| 現金 | ××× | 雑収入 | ××× |

## ▼保険金受取（契約が消滅しない場合）

・保険料積立金など資産計上額がない

| 借方 | | 貸方 | |
|------|------|------|------|
| 現金 | ×××  | 雑収入 | ××× |

・保険料積立金など資産計上額がある

| 借方 | | 貸方 | |
|------|------|------|------|
| 現金 | ×××  | 保険料積立金（取崩額） | ××× |
|  |  | 雑収入 | ××× |

　法人が第三分野給付金・保険金を受け取って個人に見舞金として支払った場合には，社会通念上妥当な金額までであれば，損金算入できる。ただし，大きすぎる場合には損金算入はできない。

| 借方 | | 貸方 | |
|------|------|------|------|
| 見舞金 | ×××  | 現金 | ××× |

## ★考え方

　第三分野の給付金・保険金を法人が受け取った場合には，受け取った金額が益金となり，見舞金で支払い可能な金額は社会通念上妥当な金額までで少額となるため，法人税の負担が増加するとされ，法人には第三分野給付を勧めないということが言われていた。

　しかし，その被保険者が第三分野給付を受ける事象に該当することで，企業が被るリスク対策として企業の利益補填として第三分野給付金・保険金を法人が受け取ることをお勧めすることも多くなっている。

### 〈法人契約特則〉

【契約形態】契約者：法人，被保険者：役員・従業員，死亡保険金受取人：法人

　生命保険を契約する際には，死亡保険金受取人を指名するが，第三分野保険の給付金・保険金の受取人は約款上被保険者本人が受け取ることとされており，別途指定しないことが多い。

　しかし，一般的に，この契約形態の場合には〈法人契約特則〉として，被保険者本人が受け取るものはすべて法人が受け取ることとされている。

## ★要するに

被保険者本人が第三分野給付金・第三分野保険金を受け取ることになるため，法人での経理処理は不要。ただし，この契約が消滅する場合には，その契約に対して資産計上していた保険料積立金などは全額取り崩して処理する。

## ★経理処理

【契約形態】契約者：法人，被保険者：役員・従業員，第三分野給付金・保険金：被保険者

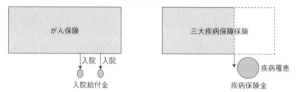

### ▼給付金受取（契約が消滅しない場合）

経理処理不要。

### ▼保険金受取（契約が消滅しない場合）

・保険料積立金など資産計上額がない

　経理処理不要。

・保険料積立金など資産計上額がある

| 借方 | | 貸方 | |
|---|---|---|---|
| 雑支出 | ××× | 保険料積立金（取崩額） | ××× |

被保険者が受け取った第三分野給付金・保険金は，個人が受け取る他の第三分野の給付金や保険金と同様に非課税とされている。

☞所得税法施行令第30条（116頁）

## ★考え方

第三分野給付金・保険金を個人が受け取った場合には，受け取っ

た金額は，被保険者本人の身体の傷害に基因して支払いを受けるものに該当し，非課税の取扱いとなる。

　約款上は，第三分野給付金・保険金については，本来被保険者本人が受け取ることとされているが，死亡保険金受取人が法人の場合には〈法人契約特則〉により，法人が受け取ることが一般的であった。

　しかし，一部の生命保険会社の契約については，〈法人契約特則〉を設定しておらず，個人が受け取ることができる商品も販売されていた。令和元（2019）年7月の法人税基本通達の改正で給付金受取人が誰になるかで課税が明確化された。

### 〈参考〉「特約」と「特則」

　一般的に「特約」と「特則」の違いについては，以下のように説明されている。

　「特約」とは，保険契約者の恣意で「付加」「付加しない」を選択することができ，「付加」したものを「付加しない」と変更することもできるとされている。

　「特則」は，約款に準じて設定されており，契約内容によっては必ず付加するものとされている。

## ★要するに

会社が受け取った年金は益金に算入し，年金開始時に洗い替えた資産計上していた年金積立保険料などを，年金受取の都度取り崩して処理する。

## ★経理処理　☞平成2（1990）年5月30日直審4-19（124頁）

例 保証期間付終身年金

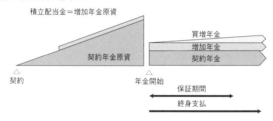

| 保険商品 | 契約者 | 被保険者 | 死亡給付金受取人 | 年金受取人 | 経理処理 |
|---|---|---|---|---|---|
| 年金 | 法人 | 役員・従業員 | 法人 | 法人 | 資産計上 |
| | | | 被保険者の遺族※ | | 9/10資産計上 1/10損金算入 |

※役員その他特定の使用人の場合，給与課税。

### ▼年金開始時

| 借方 | | 貸方 | |
|---|---|---|---|
| 年金積立保険料※ | ××× | 保険料積立金 | ××× |
| | | （配当金積立金） | ××× |
| | | 雑収入 | ××× |

※年金積立保険料＝年金支払開始日までの資産計上保険料額＋年金支払開始日に責任準備金に充当された契約者配当金

ただし，年金開始日の配当で，年金のみ支払とされている場合（契約者は選択できない），益金算入しない処理も認められる。

#### ▼年金支払開始後の契約者配当

・配当を受け取った場合

| 借方 | | 貸方 | |
|---|---|---|---|
| 現金 | ×××  | 雑収入 | ××× |

・配当を買増年金に充当する場合

| 借方 | | 貸方 | |
|---|---|---|---|
| 買増年金積立保険料 | ×××  | 雑収入 | ××× |

#### ▼年金（契約年金・増加年金）受取

| 借方 | | 貸方 | |
|---|---|---|---|
| 現金 | ×××  | 年金積立金保険料（取崩）※ | ××× |
| | | （配当金積立金） | ××× |
| | | 雑収入 | ××× |

※年金積立保険料（取崩）＝年金積立保険料の額×（支払を受ける年金額÷年金支払総額＊）

＊年金支払総額

| 確定年金 | 保証期間中に支払われる契約年金と増加年金の合計額。 |
|---|---|
| 保証期間付<br>終身年金 | 保証期間と余命年数※のいずれか長い期間中に支払われる契約年金と増加年金の合計額。 |
| 有期年金 | 生存を前提とした保証期間中に支払われる契約年金と増加年金の合計額。 |

※余命年数は，年金支払開始日における所得税法施行令の別表「余命年数表」による。

| | 55 | 60 | 61 | 62 | 63 | 64 | 65 | 66 | 67 |
|---|---|---|---|---|---|---|---|---|---|
| 男 | 23 | 19 | 18 | 17 | 17 | 16 | 15 | 14 | 14 |
| 女 | 27 | 23 | 22 | 21 | 20 | 19 | 18 | 18 | 17 |

| | 68 | 69 | 70 | 71 | 72 | 73 | 74 | 75 | 80 |
|---|---|---|---|---|---|---|---|---|---|
| 男 | 13 | 12 | 12 | 11 | 10 | 10 | 9 | 8 | 6 |
| 女 | 16 | 15 | 14 | 14 | 13 | 12 | 11 | 11 | 8 |

☞所得税法施行令第82条の３別表（117頁）

保証期間中に被保険者が死亡したとき以後は，保証期間中に支払われる契約年金と増加年金の合計額となる。

### ▼平均余命を活用して取崩額を算出していた場合で，被保険者が死亡して保証期間の年金を受け取る場合

> 年金積立保険料（取崩額）＝年金積立保険料の額×(既に支払を受けた年金合計額÷保証期間中の年金総額－既に支払を受けた年金合計額÷余命年数に基づく年金総額)

### ▼保証期間および余命期間をいずれも超過した場合

買増年金保険料積立金の全額を取り崩し，その後は取崩額はなしとして経理処理。

### ▼年金（買増年金）受取

| 借方 | | 貸方 | |
|---|---|---|---|
| 現金 | ××× | 買増年金積立保険料（取崩）※ | ××× |
| | | 雑収入 | ××× |

※取崩額を契約者配当で買増した1年ごとに算出して積上計算する。
　1年分の買増年金積立保険料（取崩額）＝一時払充当した契約者配当金の額÷一時払充当した年金の回数

### ▼一時金を受取

・受け取ることで契約が消滅する。

| 借方 | | 貸方 | |
|---|---|---|---|
| 現金 | ××× | 年金積立金保険料（残額） | ××× |
| | | 買増年金積立保険料（残額） | ××× |
| | | 雑収入 | ××× |

・受け取ることで契約が消滅しない。

（保証期間付終身年金の残存保証期間を一時金で受取）

| 借方 | | 貸方 | |
|---|---|---|---|
| 現金 | ××× | 年金積立金保険料（取崩額）※ | ××× |
| | | 買増年金積立保険料（取崩額）※ | ××× |
| | | 雑収入 | ××× |

※年金積立金保険料（取崩額）・買増年金積立保険料（取崩額）は，保証期間内に年金の支払を受けることとした場合に取り崩すこととなる金額を取り崩す。

## ★考え方

　年金保険を法人で加入した場合は，年金を受け取るにあたっては，受取方法で取崩額が相違してくる。

　定年後，実際に毎年企業から個人に支払う手続きなどを考えると，定年に合わせて名義変更をして年金受取人を被保険者本人とし，退職金の一部として支払うことも多い。

---

### Column 保険のキホン　相互会社と株式会社

　生命保険会社には，株式会社と相互会社がある。相互会社は保険会社にだけ許可された会社の形態である。

〈相互会社と株式会社の違い〉

|  | 相互会社 | 株式会社 |
|---|---|---|
| 根拠法 | 保険業法 | 会社法 |
| 資本 | 基金<br>（基金拠出者が拠出） | 資本金<br>（株主が出資） |
| 構成員 | 社員（保険契約者）※ | 株主 |
| 意思決定機関 | 社員総会（総代会） | 株主総会 |

※約款上で社員としない旨を定めた保険の契約者は除く。

　相互会社の基金は，保険業法に基づき基金拠出者が拠出した資金。株式会社における資本金にあたる。

　相互会社の社員総会は，保険契約者である社員の全員が参加できる権利を持つ（約款上で社員としない旨が定めた保険の契約者を除く，一般的には無配当の保険の契約者は除く）。一般的には社員数が膨大なために社員総会に代えて総代会を設置している。総代会は社員から選出された総代が参加している。なお，一般的には社員は総代会の傍聴は可能としている。

年金－本人受取－

### ★要するに

年金は直接被保険者本人に支払われる。会社は年金開始までその契約に対して資産計上していた配当金積立金などがある場合には，その金額を年金開始時に取り崩して処理する。

### ★経理処理

| 保険商品 | 契約者 | 被保険者 | 死亡給付金受取人 | 年金受取人 | 経理処理 |
|---|---|---|---|---|---|
| 年金保険 | 法人 | 役員・従業員 | 被保険者の遺族 | 被保険者 | 給与 |

年金は年金受取人である被保険者に直接支払われる。

#### ▼資産計上がある場合

| 借方 | | 貸方 | |
|---|---|---|---|
| 雑支出 | ××× | 配当金積立金 | ××× |

配当金積立金などの，この契約に関して計上していた資産計上額を取り崩して全額を雑支出とする。

#### ▼資産計上がない場合

経理処理なし。

・年金が直接支払われる

本人に給与課税されている保険料を，個人が加入していた保険と同様に雑所得として課税。

雑所得の金額＝（年金額[※1] ＋その年の剰余金）－必要経費[※2]

※1 年金額＝基本年金＋増加年金
※2 必要経費＝年金額×必要経費割合[※3]
※3 必要経費割合（小数点第2位まで，3位以下切上げ）
　　＝既払込正味保険料総額[※4] ÷年金総額または見込額[※5]
※4 既払込正味保険料総額→本人が課税された金額
※5 年金総額または見込額→年金年額×支給期間[※6]

※6　支給期間
　　　確定年金→確定年数
　　　有期年金→支給年数と余命年数の短い年数
　　　保証期間付終身年金→保証期間と余命年数の長い年数

・給与課税された保険料　☞所得税基本通達34-4（118頁）

　満期保険金等の支払を受ける者が自ら支出した保険料，または本人以外が支出した場合は，自らが負担して支出したと認められる保険料とされたことから，個人年金の必要経費も同様に給与課税された保険料のみとして計算される。

## ★名義変更された場合（契約者・年金受取人：法人→被保険者）

　名義変更時には当該契約を解約した場合の解約返戻金の額に相当する額の退職給与または賞与の支払があったものとして取り扱うため，必要経費を計算するうえでの本人が課税された金額は，この退職給与または賞与として算出する。

## 〈参考〉年金受取時の取扱い一覧

| 年金受取人 | 法人 | 従業員 | 法人 |
|---|---|---|---|
| 死亡給付金受取人 | 法人 | 被保険者の遺族 | 被保険者の遺族 |
| 年金開始時 | 配当金を益金算入　洗い替えを行い，年金積立保険料に年金原資を計上 | 個人に雑所得 | 配当金を益金算入（ただし，年金でしか支払われない場合は益金不算入を認める） |
| 年金 | 年金額を益金　年金に応じた年金積立保険料を取崩す | 個人に雑所得 | 年金額を益金　年金に応じた積立保険料等を取崩す |

# 第3章

# 保全手続きの税務と経理処理

---

## 3-1 解約返戻金

**★要するに**

会社が受け取った解約返戻金は益金に算入し，解約時までその契約に対して資産計上していた保険料積立金などを取り崩して処理する。

**★経理処理**

| 保険商品 | 契約者 | 被保険者 | 死亡保険金受取人 | 満期保険金・年金受取人 | 経理処理 |
|---|---|---|---|---|---|
| 養老保険 | 法人 | 役員・従業員 | 法人 | 法人 | 資産計上 |
| | | | 被保険者の遺族 | 法人 | 給与 |
| | | | | 被保険者 | 1/2給与※3<br>1/2資産計上 |
| 定期保険※1 | | | 法人 | | 損金算入 |
| | | | 被保険者の遺族 | | 給与 |
| 前払定期保険※2 | | | 法人 | | 一部損金算入 |
| 年金保険 | | | 法人 | 法人 | 資産計上 |
| | | | 被保険者の遺族 | 被保険者 | 給与 |
| | | | 法人 | 被保険者 | 9/10給与※3<br>1/10資産計上 |

※1 定期保険および第三分野保険。
※2 前払定期保険は，最高解約返戻率50%超の定期保険または第三分野保険。
※3 役員または特定の使用人が加入，普遍的加入の場合は福利厚生費。

## ▼保険料が資産計上されている場合

・保険料積立金（＋配当金積立金）＜解約返戻金

| 借方 | | 貸方 | |
|---|---|---|---|
| 現金 | ××× | 保険料積立金 | ××× |
| | | （配当金積立金） | ××× |
| | | 雑収入 | ××× |

・保険料積立金（＋配当金積立金）＞解約返戻金

| 借方 | | 貸方 | |
|---|---|---|---|
| 現金 | ××× | 保険料積立金 | ××× |
| 雑支出 | ××× | （配当金積立金） | ××× |

## ▼資産計上がない場合

| 借方 | | 貸方 | |
|---|---|---|---|
| 現金 | ××× | 雑収入 | ××× |

## ▼給与課税されている保険で，法人が受け取った解約返戻金を個人に支払

| 借方 | | 貸方 | |
|---|---|---|---|
| 賞与 | ××× | 現金 | ××× |

　一度給与課税されているが，解約返戻金の受取は契約者である法人となり，個人に支払った場合には，賞与として再度個人に課税される。


## ★考え方

　解約返戻金を受け取ることで保険契約が消滅することになる。そのため，それまで計上していた保険料積立金のほか，配当金積立金や前払保険料などすべての資産計上額を取り崩して，その差額を雑収入または雑支出として処理する。

　給与課税されている保険の解約返戻金も法人受取となる。

## 3-2　自動振替貸付金

### ★要するに

　月払・半年払・年払などの継続保険料は振込期月に支払う。しかし，払込期月に払えない場合は猶予期間が定められており，その期間内に支払うことで契約は継続が可能となる。

　さらに，猶予期間を過ぎても，契約を有効に継続させ失効させないように，解約返戻金の範囲内で保険料を自動的に保険会社が立て替え（貸付）て，契約を継続させる方法が自動振替貸付である。

　解約返戻金がない保険や保険種類や保険料払込年数が短いケースや商品によっては，自動振替貸付が適用できない商品もある。自動振替貸付を受けている期間も保障に変更はなく配当金も受取可能。

- ・振替貸付金には所定の利息（複利）がつく。
- ・振替貸付金は，全額または一部をいつでも返済可能。
- ・未返済のまま満期や死亡など契約が消滅する場合，保険金・給付金から，その元金と利息を差し引く。
- ・契約者貸付と合わせて解約返戻金を上回ると契約は失効する。

### ★経理処理

▼振替貸付確定日

| 借方 | | 貸方 | |
|---|---|---|---|
| 保険料積立金 | ××× | 借入金 | ××× |
| 保険料 | ××× | | |

※各商品の保険料によって処理。

　自動振替貸付が確定するのは，失効期間が終了する時であるため，その時点で借入金として経理処理する。

月払の場合，保険会社によっては一月ごとに貸付金を判断するのではなく，半年分を一度に貸し付ける場合もあるが，その場合も保険料については，すでに経過している2ヵ月分を保険料として損金算入または，保険料積立金として資産計上し，残額は前払保険料として資産計上する。

なお，月掛保険料が口座引落し集団扱いの場合は，集金の料率に変更して前納割引率を加味して計算した保険料としているケースもあり，注意が必要。

| 借方 | | 貸方 | |
|---|---|---|---|
| 保険料積立金（2ヵ月分） | ××× | 借入金 | ××× |
| 保険料（2ヵ月分） | ××× | | |
| 前払保険料（4ヵ月分） | ××× | | |

### ▼利息計上

| 借方 | | 貸方 | |
|---|---|---|---|
| 支払利息 | ××× | 借入金 | ××× |

通常の借入金と同様に利息計上する。

### ▼借入金返済

| 借方 | | 貸方 | |
|---|---|---|---|
| 借入金 | ××× | 現金 | ××× |
| 支払利息 | ××× | | |

### ★考え方

自動振替貸付は，契約を継続させるためのひとつの方法として取られている。借入金の一方法として，保険料も含め利息なども期間対応することが求められる。

### 〈参考〉保険料の支払猶予期間が最長6ヵ月のケース

生命保険会社は，特別な災害時などは最長6ヵ月間の払込猶予期間の延長措置を実施している。この措置を利用する場合は，保険契約者が生命保険会社に払込猶予延長の申し出をする必要がある。

この取扱いをした場合，保険料振替貸付は，この猶予期間終了後に適用される。

## 3-3 契約者貸付金

### ★要するに

一時的に資金が必要な際、解約返戻金の一定範囲内で借入ができる制度。借入金の金額は、契約内容や契約年数などにより異なる。契約後短期間の場合や商品によっては借入できないこともある。契約者貸付を受けている期間も、保障に変更はなく、配当金も受け取ることが可能。

- ・契約者貸付金には所定の利息（複利）が付加。
- ・契約者貸付利率は契約の時期により異なる。一般的に予定利率が高い契約は貸付利率も高くなる。
- ・未返済のまま満期、死亡など契約が消滅する場合、保険金から元金と利息を差し引く。
- ・契約者貸付金の元利金（保険料振替貸付金と合算）が解約返戻金を超えた場合で、生命保険会社から通知された金額を所定の期日まで払い込まなかったときは、保険契約は失効する。

### ★経理処理
### ▼契約者貸付日

| 借方 | | 貸方 | |
|---|---|---|---|
| 現金 | ××× | 借入金 | ××× |

### ▼利息計上

| 借方 | | 貸方 | |
|---|---|---|---|
| 支払利息※ | ××× | 借入金 | ××× |

※通常の借入金と同様に利息計上。

## ▼借入金返済

| 借方 | | 貸方 | |
|------|------|------|------|
| 借入金 | ××× | 現金 | ××× |
| 支払利息 | ××× | | |

## ★考え方

契約者貸付は，急な資金需要などのために活用できるひとつの方法。借入金の一方法として，利息は期間対応することが求められる。

### 〈参考〉

生命保険会社は，災害など特別な状態の場合に，一定期間の契約者貸付利用時の利息を０％（無利息）とする取扱いをする場合がある。もちろん，契約者貸付可能金額がある場合のみ活用が可能。

---

### Column 保険のキホン　相互会社と無配当保険

無配当保険の販売については，相互会社と株式会社の保険会社ではその取扱いが相違する。

もともと，契約者配当は，相互会社と株式会社では決算上の処理が相違する。相互会社の利益は剰余金となり，社員総会または総代会の決議で，主に保険契約者の配当金（社員配当金）として処理する。剰余金は剰余金処分に関する決議書に記載されており，損益計算書には記載はない。一方，株式会社の利益は株主への配当となり，保険契約者の配当は損益計算書に記載されている。

相互会社の剰余金は，株式会社で言えば株主に対する配当と同様となるため，無配当保険の加入者が増えると，その剰余金を株主である保険契約者に支払えない。そこで，相互会社の保険会社は1995（平成７）年保険法の改正前までは無配当の保険を販売できないこととなっていた。

現在は，この保険業法の改正によって保険契約の中で20%未満は無配当保険を販売できることとなっているが，これを超えると保険業法違反となってしまうため，保険商品を絞って販売している状況となっている。

## ★要するに

　生命保険の加入にあたっては，保険契約者・被保険者・受取人を決めて加入する。一般的に被保険者は変更できないが，保険契約者・受取人は契約継続中に変更できる。

　単に名義変更といった場合，一般的には保険契約者を変更することをさし，受取人を変更する場合は，受取人変更という。

　法人が関係する契約者変更としては，法人から別法人，法人から個人，個人から法人の3パターンがある。

## ★経理処理

　法人が関係する名義変更の際には，当該生命保険を評価してその価格で経理処理することになるが，この評価額は確定していない。

　一般的には，名義変更時点の解約返戻金相当額を保険の価値として移転することが多い。

## ▼移転元法人

その時点で解約した場合と同様。

| 借方 | | 貸方 | |
|---|---|---|---|
| 現金[※1] | ×××　 | 保険料積立金[※2] | ××× |
| | | （配当金積立金） | ××× |
| | | 雑収入[※3] | ××× |

※1　有償の場合：受け入れた現金
　　　無償の場合：法人に移転した場合→寄付金
　　　　　　　　　個人に移転した場合→賞与・役員賞与・退職金等
※2　保険によって保険料積立金・前払保険料など
　　　定期保険・無配当などの場合には，保険関係の資産計上はない。
※3　解約返戻金相当額＞保険関係積立金　の場合→雑収入
　　　解約返戻金相当額＜保険関係積立金　の場合→雑支出

## ▼移転先法人

解約返戻金相当額で購入したと同様。

| 借方 | | 貸方 | |
|---|---|---|---|
| 保険料積立金[※1] | ××× | 現金[※2] | ××× |
| （配当金積立金） | ××× | | |

※1　保険によって保険料積立金・前払保険料など。
※2　個人から受け入れた場合も法人から受け入れた場合も同様。
　　　有償の場合→支払った現金，無償の場合→雑収入。

## ★移転先法人の資産計上額の取扱い

移転先法人での資産計上額の取扱いについても，実務上の取扱いを記載する。

解約返戻金相当額は，有配当の場合は配当積立金とそれ以外の部分に区分できるため，配当積立金をその時点での配当金残高とし，残額を保険料積立金とする。また，定期保険など本来資産計上がない商品の場合は，この時点での解約返戻金相当額を前払保険料として計上し，期間按分して損金算入する。

## ★法人からグループ法人への移転の取扱い

グループ間法人税制を活用するとして，移転元での帳簿上の状態のままで移転するといった考え方は一般的にはとれないと考え，グループ間であっても，その時点の解約返戻金相当額で授受するとされている。

## ★考え方

法人から法人への契約者変更については，契約の権利・義務が移転することであるため，経理処理は行われることになる。

移転価格については，低解約返戻金の保険など特殊な保険も販売されており，解約返戻金との説明が難しい商品も多くなっており，解約返戻金がその評価額として正しいとは確定していない点に留意する。

## ★要するに

　生命保険の加入にあたっては，保険契約者・被保険者・受取人を
決めて加入する。一般的に被保険者は変更できないが，保険契約
者・受取人は契約継続中に変更できる。

　単に受取人変更といった場合，一般的には様々な保険金・給付金
の受取人を変更することを指し，契約者を変更する場合は，契約者
変更という。法人が関係する受取人変更としては，保険種類によっ
て様々なパターンが考えられる。

## ★経理処理

　法人が契約者であり，契約者変更と同時ではなく行う受取人変更
の場合，契約者は変更されていないため，受取人変更の経理処理は
確定していないが，一般的な実務上では，変更後の契約形態で保険
料の経理処理を変更する。

　配当金の経理処理については，受取人の変更とは関係なく，その
まま継続する。

　受取人を個人に変更した場合，部課長その他特定の使用人となる
場合には，給与課税が必要となるため，給与の現物支給として課税
をする。

| 変更 | 保険商品 | 契約者 | 被保険者 | 死亡保険金受取人 | 経理処理 |
|---|---|---|---|---|---|
| 前 | 定期保険（最高解約返戻金50％以下） | 法人 | 役員 | 法人 | 損金算入 |
| 後 | | | | 被保険者の遺族 | 給与 |

| 変更 | 保険商品 | 契約者 | 被保険者 | 第三分野給付金受取人 | 経理処理 |
|---|---|---|---|---|---|
| 前 | 第三分野保険（最高解約返戻金50％以下） | 法人 | 役員 | 法人 | 損金算入 |
| 後 | | | | 被保険者 | 給与 |

## ★留意点

受取人を変更するだけでは，その時点では資産が移転するわけではなく，変更時点での経理処理はない。

保険金や給付金は，契約上は支払事由発生時点の受取人が受け取ることとなることに留意する。

---

### Column 法令のキホン　法令の位置づけ

法律とは，憲法で定める方法により，国会の議決を経て制定される国の規範のこと。

命令とは，行政機関が制定する規範のこと。内閣が制定する政令や，各省の大臣が制定する省令などがある。

政令は，法律から委任を受けて，法律では定めていない細部を補う事項を定めている。法律の規定を実施するための執行命令，法律の委任に基づいて制定される委任命令がある。

省令は，法律や政令の規定に基づいて，法律や政令で規定しない細部の事項を定めている。

法令とは異なり，一般的に，特定人または不特定多数の人に対して特定の事項を知らせる行為となるのが通知である。法令の解釈，運用や行政執行の方針などを示している。

通知などの内容を広く知らしめる必要がある場合は，告示として官報に記載されることがある。なお，法律に告示の根拠がある場合には，政省令のような役割を果たすこともある。

## ★要するに

延長(定期)保険は,保険料の支払が厳しい場合に,以後の保険料の支払を中止し,死亡保険金額の保障は変えずに保険期間を変更する保険で,万一のときも元の保険の保険金額がそのまま受け取れる。

保険期間は,その時点の解約返戻金をもとに算出される。ただし,元の契約に付加されていた特約は消滅する。

解約返戻金の額によって,元の契約より保険期間が短くなることもあるが,元の契約の満了を超える場合は,満了時に生存保険金を受け取る。

原則,延長保険手続時に洗い替えし,期間按分して損金処理する。

## ★経理処理

・延長定期<元の保障期間

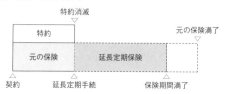

・延長定期>元の保障期間

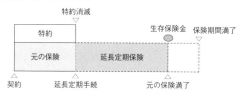

## ★受取人が法人で，保険料・保険料積立金で経理処理

### ▼生存保険金がない場合

・延長定期保険への変更時

| 借方 | | 貸方 | |
|---|---|---|---|
| 前払保険料※1 | ××× | 保険料積立金※2 | ××× |
| | | 雑収入※3 | ××× |

※1　延長保険手続きした時点の解約返戻金。
※2　元の契約で資産計上されていた保険料積立金などを取り崩す。
※3　保険料積立金（旧）＞（新）→雑支出
　　　保険料積立金（旧）＜（新）→雑収入

　なお，有配当保険の配当金積立金については，そのまま経理処理を行う。

・延長定期保険への変更後

〈決算時〉

| 借方 | | 貸方 | |
|---|---|---|---|
| 保険料 | ××× | 前払保険料（取崩）※ | ××× |

※前払保険料から月按分して損金算入。
　前払保険料（取崩）＝前払保険料（延長手続時の計上額）×（経過期間÷延長定期保障期間）

〈保険期間満了時〉

　経理処理はなし（配当金を受け取った場合は配当金の経理処理）。

### ▼生存保険金がある場合

・延長定期保険への変更時

| 借方 | | 貸方 | |
|---|---|---|---|
| 保険料積立金（新）※1 | ××× | 保険料積立金（旧）※2 | ××× |
| | | 雑収入※3 | ××× |

※1　延長保険手続きした時点の解約返戻金。
※2　元の契約で資産計上されていた保険料積立金などを取り崩す。
※3　保険料積立金（旧）＞（新）→雑支出
　　　保険料積立金（旧）＜（新）→雑収入

　なお，有配当に保険の配当金積立金についてはそのまま経理処理を行う。

・延長定期保険への変更後

〈決算時〉

　経理処理はなし（配当金を受け取り時は配当金の経理処理）。

〈保険期間満了時（生存給付金受取時）〉

| 借方 | | 貸方 | |
|---|---|---|---|
| 現金 | ×××  | 保険料積立金 | ××× |
| 雑支出※ | ×××  | | |

※延長定期手続き時の保険料積立金をそのまま継続計上し，差額を雑支出として損金算入する。

### ★受取人が被保険者の遺族・被保険者で，給与課税

　資産計上されている金額がないので，延長定期保険への変更時・変更後の経理処理はない。ただし，有配当契約の場合の配当金の経理処理は継続して行う。

---

#### Column 法令のキホン　本則・附則，条・項・号

　法令の本体の規定のことを本則という。本則は条を単位として構成されている。条数が多い法令では，本則を内容ごとに整理するため，編，章，節，款，目などに分けられることがある。

　本則の後に置かれるものを附則という。附則には，法令の効力を持つ日となる施行期日や，法令を定めることにより必要となる関係法令の改正，経過措置などが記載されている。

　条文は，例えば保険業法第3条第4項第二号というように，条，項，号で分けることがある。法律で最も基本的な単位となるのが条で，条をさらに細かく分けるときに項が用いられる。条項をさらに細分化するときに号が用いられる。ちなみに，号をさらに細分化されるときは，イ，ロ，ハ…，さらに(1), (2), (3)…が用いられる。

### ★要するに

　払済保険は，保険料の支払が厳しい場合に，以後の保険料の支払を中止し，保険期間を変更前の契約と同じとし死亡保険金額の保障を引き下げる制度。保険金額は変更前の解約返戻金が変更後の保険の一時払い保険料として算出される。ただし，元の契約に付加されていた特約は消滅する。

　変更後の商品が養老保険や年金保険などの場合は，変更前の予定利率が適用され解約返戻金は徐々に増加する。

　原則は払済時点で洗い替えを行う。

### ★経理処理

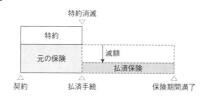

### ★受取人が法人で，保険料・保険料積立金で経理処理

### ▼終身保険・養老保険・年金保険への払済

・払済保険への変更時

| 借方 | | 貸方 | |
|---|---|---|---|
| 保険料積立金（新）[1] | ×××　 | 保険料積立金[2] | ××× |
| | | 雑収入[3] | ××× |

※1　払済保険手続きした時点の解約返戻金。
※2　元の契約で資産計上していた保険料積立金（前払保険料）など。
※3　保険料積立金（旧）＞（新）→雑支出
　　　保険料積立金（旧）＜（新）→雑収入

　なお，有配当保険の配当金積立金については，そのまま経理処理を行う。

ただし，元の契約が終身保険・養老保険・年金保険で特約が付加されていない保険で，同種類の払済保険とした場合には，既往の資産計上額のままとすることも認める。

・復旧した場合

| 借方 | | 貸方 | |
|---|---|---|---|
| 雑支出[※1] | ××× | 保険料積立金[※2] | ××× |

　払済保険への変更時の雑収入は雑支出，雑支出は雑収入として経理処理する。

※1　払済保険の計上時の雑収入は雑支出，雑支出は雑収入の金額。
※2　元の勘定科目に戻す。

## ▼定期保険，第三分野保険への払済

・払済保険への変更時

| 借方 | | 貸方 | |
|---|---|---|---|
| 前払保険料（新）[※1] | ××× | 前払保険料[※2] | ××× |
| | | 雑収入[※3] | ××× |

※1　払済保険手続きした時点の解約返戻金。
※2　元の契約で資産計上していた前払保険料（保険料積立金）など。
※3　前払保険料（旧）＞（新）→雑支出
　　　前払保険料（旧）＜（新）→雑収入

　なお，有配当保険の配当金積立金については，そのまま経理処理を行う。

　ただし，元の契約が定期保険・第三分野保険で特約が付加されていない保険で，同種類の払済保険とした場合には，既往の資産計上額のままとすることも認める。

・決算時（一時払の保険として商品ごとに経理処理）

| 借方 | | 貸方 | |
|---|---|---|---|
| 保険料[※1] | ××× | 前払保険料（取崩）[※2] | ××× |

※1　前払保険料から月按分して損金算入。
※2　前払保険料（取崩）＝前払保険料（払済手続時の計上額）×（経過期間÷
　　　払済保険の保障期間）

・復旧した場合

| 借方 | | 貸方 | |
|---|---|---|---|
| 雑支出[※1] | ××× | 前払保険料[※2] | ××× |

　払済保険への変更時の雑収入は雑支出，雑支出は雑収入として経理処理する。

※1　払済保険の計上時の雑収入は雑支出，雑支出は雑収入の金額。
※2　元の勘定科目に戻す。

| 借方 | | 貸方 | |
|---|---|---|---|
| 前払保険料[※1] | ××× | 雑収入[※2] | ××× |

　保険料で費用計上した金額を益金の額に算入する。

※1　元の契約で資産計上していた前払保険料（保険料積立金）など。
※2　前払保険料（旧）＞（新）→雑支出
　　　前払保険料（旧）＜（新）→雑収入

### ★受取人が被保険者の遺族・被保険者で，給与課税

　資産計上されている金額がないので，払済保険への変更時・変更後の経理処理はない。

　ただし，有配当契約の場合の配当金の経理処理は継続して行う。

---

#### Column 法令のキホン　公布，施行

　法令を一般的に周知する目的で国民に知らしめることを公布という。具体的には，官報に法令が記載されることで公布が行われる。憲法において，憲法改正，法律，政令及び条約を公布することと定められており，省令以下については，その法令の制定権のある者により行われる。

　制定された法令の効力が現実的に発動し作用することを施行という。公布された法令が具体的に施行される日は，法令の附則の冒頭に施行期日に関する規定を置くことで明らかにされる。

　施行期日には，公布の日に施行されるもののほか，公布の日以降に施行されるものがあり，場合によっては，「公布の日から起算して〇日を経過した日から施行」とするものや「公布の日から起算して〇月を超えない範囲内において政令で定める日」など，執行機関に委任されるものがあるので注意を要する。

## 3-8 配当

### ★要するに

　保険料は「予定率」を設定し算出されるが，実際には予定率とは違った結果になることもある。この最初の予定率と結果の差である「剰余金」つまり「（契約者）配当金」が発生する。

　その意味で，生命保険の配当金は，保険料の精算や割戻しとされている。配当金が支払われる有配当契約。支払われない無配当契約があり，配当金の受取方法としては以下の４パターンあるが，積立配当方式が多い。

①積立配当…保険会社で利息をつけて積み立てる方式
②保険金買増…一時払で保険を買い増しする方式
③相殺配当…支払保険料と相殺する方式
④現金配当…現金で支払う方式

　原則，配当金は受け取った際に利益計上される。　　☞法人税基本通達９-３-８（124頁）

### ★経理処理

#### ①積立配当

・配当通知を受け取った

| 借方 | | 貸方 | |
|---|---|---|---|
| 配当金積立金※ | ××× | 雑収入 | ××× |

※配当金積立金＝当年度配当金＋積立配当利息

　配当金積立金の額には，その年の配当金とそれまでの配当金積立金に対する配当利息も含んで計上する。

　５年ごと・３年ごと配当金の場合は，配当金の額は５年ごと（３年ごと）だが，初回の配当金を受け取ったあと配当利息は毎年発生し，この利息の計上が必要となる。

### ②保険金買増

・配当通知を受け取った

| 借方 | | 貸方 | |
|---|---|---|---|
| 保険料積立金※ | ××× | 雑収入 | ××× |

※契約形態や保険商品によってそれぞれ保険料を経理処理する。

### ③相殺配当

・配当通知を受け取った

| 借方 | | 貸方 | |
|---|---|---|---|
| 保険料積立金※1 | ××× | 現金 | ××× |
| | | 雑収入※2 | ××× |

※1　契約形態や保険商品によってそれぞれ保険料を経理処理する。
※2　配当金の額。

### ④現金配当

・配当通知を受け取った

| 借方 | | 貸方 | |
|---|---|---|---|
| 現金 | ××× | 雑収入※ | ××× |

※配当金の額。

　給与課税されている場合であっても，配当金は法人が受け取ることとなり，配当金（および配当金利息）を雑収入として計上することは同様。

・全額資産計上されている

| 借方 | | 貸方 | |
|---|---|---|---|
| 配当金積立金 | ××× | 保険料積立金 | ××× |

　養老保険等で保険料を全額資産として計上している場合（特約が付加されている場合は特約の保険料を含む）には，資産計上している保険料を控除することも認める。

### ★計上時期

　配当金は毎年金額が変動することから，その通知をもってその事業年度に計上する。

## 3-9　失効

### ★要するに

　月払・半年払・年払などの継続保険料は振込期月に支払うが，支払えない場合は猶予期間が定められている。この猶予期間を過ぎると，契約は失効する。保険料振替貸付が自動的に適用される商品もあるが，貸付金残高が解約返戻金の範囲内を超えると，やはり契約は失効する。

　失効は所定の復活期間（一般的には３年間）が設定されており，再告知，未払の保険料などを入金することによって復活は可能。しかし，復活期間終了後，契約は消滅するが失効返戻金は戻ってくる。この失効返戻金も失効後３年が請求時効となる。

### ★経理処理

・失効時の経理処理

| 借方 | 貸方 |
|---|---|
| 未収金※1　　　　　　××× | 保険料積立金※2　　　　×××<br>（配当金積立金）　　　×××<br>雑収入※3　　　　　　××× |

※1　解約した場合に受け取ることができる金額と同額。
※2　契約形態・保険商品等によって資産計上されている金額を取崩。
※3　未収金＞保険料積立金等→雑収入
　　　未収金＜保険料積立金等→雑支出

　解約返戻金の現金を受け取る代わりに未収金として経理処理を行う。この処理を復活期間終了時に行う。また，実際に解約手続きし解約返戻金を受け取った時に行うとする説もある。

　失効をいつ経理処理するかについては記載したものがなく，租税回避行為にならないように留意する。

・復活時

| 借方 | | 貸方 | |
|---|---|---|---|
| 保険料積立金※1 | ××× | 未収金※3 | ××× |
| (配当金積立金) | ××× | | |
| 雑支出※2 | ××× | | |

※1　失効時に取り崩した保険料積立金を計上。
※2　失効時に計上していた雑収入→雑支出，雑支出→雑収入。
※3　失効時に計上した未収金。

失効時の経理処理を取り消す経理処理を行う。

| 借方 | | 貸方 | |
|---|---|---|---|
| 保険料積立金※1 | ××× | 現金 | ××× |
| 保険料 | ××× | | |
| 支払利息※2 | ××× | | |

※1　契約形態・保険商品などによる経理処理を行う。
※2　復活時には保険料に対して支払遅延に対する利息が付利される場合は，その金額を計上。

## ★考え方

　失効については，経理処理をいつ行うかが問題となっており，利益調整に活用することを勧める話法もあるが，法人税基本通達では失効時に資産計上を取り崩すことなども記載されており，留意が必要である。

## 3-10 契約内容変更 −定期保険−

### ★要するに

保険は加入後に様々な契約内容変更することがある。契約内容変更があった場合には，変更後の契約内容に基づいて経理処理することとなる。変更の種類によって返戻金を受け取ったり，追加で支払ったりする責任準備金相当額の過不足を行う場合，その変更後の契約内容に基づいて計算した責任準備金の累積額と既往の資産計上額の累積額との差額について調整を行う。

### ▼契約内容の変更のうち，変更後の保険料の経理処理の変更が求められる変更

- 払込期間の変更（保険料払込期間を短縮・延長）
- 特別保険料の変更
- 保険料免除特約の付加・解約
- 保険金額の増額，減額または契約の一部解約に伴う高額割引率の変更
- 保険期間の延長・短縮
- 年齢訂正などによる保険料の変更

### ▼内容変更については，経理処理を変更せずに元の経理処理の方法に従って行うとされている変更

- 払込方法の変更（月払・半年払・年払間の変更）
- 払込経路の変更（給与引去・口座引去・集金などの間での変更）
- 前納金の追加納付
- 契約者貸付
- 保険金額の減額（部分解約）

ただし，最高解約返戻率が下がる場合は，保険料の経理処理については元の経理処理のままで継続することも認められる（法人税基本通達9−3−5の2(3)注5　☞120頁）。

### ★経理処理

| 契約者 | 被保険者 | 死亡保険金受取人 | 経理処理 |
|--------|----------|------------------|----------|
| 法人 | 役員・従業員 | 法人 | 損金算入・一部資産計上 |

## ▼変更時点での金銭の授受がある場合

・責任準備金差額を支払った場合

| 借方 | | 貸方 | |
|---|---|---|---|
| 前払保険料（差額）[※1] | ××× | 現金[※3] | ××× |
| 雑支出[※2] | ××× | | |

※1　変更後の前払保険料＞変更前の前払保険料　差額を計上。
※2　責任準備金差額（受取額）＞前払保険料差額⇒雑支出
　　　責任準備金差額（受取額）＜前払保険料差額⇒雑収入
※3　変更後の責任準備金＞変更前の責任準備金　差額を支出。

・責任準備金差額を受け取った場合

| 借方 | | 貸方 | |
|---|---|---|---|
| 現金[※1] | ××× | 前払保険料（差額）[※2] | ××× |
| | | 雑収入[※3] | ××× |

※1　変更後の責任準備金＜変更前の責任準備金　差額を受取。
※2　変更後の前払保険料＜変更前の前払保険料　差額を計上。
※3　責任準備金差額（支払額）＞前払保険料差額→雑収入
　　　責任準備金差額（支払額）＜前払保険料差額→雑支出

　責任準備金差額で金銭の授受を行う金額と，前払保険料の差額については，一般的には差額が生じる。この責任準備金差額と，前払保険料差額の差額をその事業年度の損金・益金として処理する。

## ▼定期保険（最高解約返戻金率85％以下で最高解約返戻金率による経理処理の区分が変更ない場合）

・責任準備金差額を支払った場合

| 借方 | | 貸方 | |
|---|---|---|---|
| 前払保険料（差額）[※1] | ××× | 現金[※2] | ××× |
| 保険料 | ××× | | |

※1　変更後の保険と同様の経理処理。
※2　変更後の責任準備金＞変更前の責任準備金　差額を支出。

・責任準備金差額を受け取った場合

| 借方 | | 貸方 | |
|---|---|---|---|
| 現金[※1] | ××× | 前払保険料（取崩）[※2] | ××× |
| | | 雑収入[※3] | ××× |

※1　変更後の責任準備金＜変更前の責任準備金　差額を受取。

※2　前払保険料（取崩）＝前払保険料（資産計上額）×差額の責任準備金÷
　　変更前の責任準備金
※3　責任準備金差額（支払額）＞前払保険料（取崩額）→雑収入
　　責任準備金差額（支払額）＜前払保険料（取崩額）→雑支出

| 契約者 | 被保険者 | 死亡保険金受取人 | 経理処理 |
|---|---|---|---|
| 法人 | 役員・従業員 | 被保険者 | 給与※ |

※部課長その他特定の使用人の場合。

・責任準備金差額を支払った場合

| 借方 | | 貸方 | |
|---|---|---|---|
| 給与※ | ××× | 現金 | ××× |

※変更後の責任準備金＞変更前の責任準備金　差額を支出。

・責任準備金差額を受け取った場合

| 借方 | | 貸方 | |
|---|---|---|---|
| 現金※ | ××× | 雑収入 | ××× |

※変更後の責任準備金＜変更前の責任準備金　差額を受取。

・変更後の保険料の処理

　変更後の保険料の経理処理は，その保険が当初から変更後の保険
として経理処理を行う。


**★考え方**

　定期保険の契約内容変更の経理処理として，令和元（2019）年7
月の改正で示された。

## 3-11 契約内容変更 −養老保険−

### ★要するに

資産計上する養老保険（終身保険・年金保険など）に加入後，内容変更があった場合，変更後の契約内容に基づいて経理処理することとなる。変更の種類によって返戻金を受け取ったり，追加で支払ったりする責任準備金相当額の過不足を行う場合には，その変更後の契約内容に基づいて計算した責任準備金の累積額と既往の資産計上額の累積額との差額について調整を行う。

### ★経理処理

| 契約者 | 被保険者 | 死亡保険金受取人 | 満期保険金受取人 | 経理処理 |
|---|---|---|---|---|
| 法人 | 役員・従業員 | 法人 | 法人 | 資産計上 |

### ▼変更時点での金銭の授受がある場合

・責任準備金差額を支払った場合

| 借方 | | 貸方 | |
|---|---|---|---|
| 保険料積立金（差額）[1] | ××× | 現金[3] | ××× |
| 雑支出[2] | ××× | | |

[1] 変更後の保険料積立金＞変更前の保険料積立金 差額を計上。
[2] 責任準備金差額（受取額）＞保険料積立金差額→雑支出
責任準備金差額（受取額）＜保険料積立金差額→雑収入
[3] 変更後の責任準備金＞変更前の責任準備金 差額を支出。

・責任準備金差額を受け取った場合

| 借方 | | 貸方 | |
|---|---|---|---|
| 現金[1] | ××× | 保険料積立金（差額）[2] | ××× |
| | | 雑収入[3] | ××× |

[1] 変更後の責任準備金＜変更前の責任準備金 差額を受取。
[2] 変更後の前払保険料＜変更前の責任準備金 差額を計上。
[3] 責任準備金差額（支払額）＞前払保険料差額→雑収入
責任準備金差額（支払額）＜前払保険料差額→雑支出

責任準備金差額で金銭の授受を行う金額と保険料積立金の差額については，一般的には差額が生じる。この責任準備金差額と，前払保険料差額の差額をその事業年度の損金・益金として処理する。

## ▼全額を資産計上する方法

・責任準備金差額を支払った場合

| 借方 | | 貸方 | |
|---|---|---|---|
| 保険料積立金※1 | ××× | 現金※2 | ××× |

※1　変更後の保険と同様に全額を保険料積立金。
※2　変更後の責任準備金＞変更前の責任準備金　差額を支出。

・責任準備金差額を受け取った場合

| 借方 | | 貸方 | |
|---|---|---|---|
| 現金※1 | ××× | 保険料積立金（取崩）※2 | ××× |

※1　変更後の責任準備金＜変更前の責任準備金　差額を受取。
※2　前払保険料（取崩）＝保険料積立金を全額取崩。

| 契約者 | 被保険者 | 死亡保険金受取人 | 満期保険金受取人 | 経理処理 |
|---|---|---|---|---|
| 法人 | 役員・従業員 | 被保険者の遺族 | 被保険者 | 給与※ |

※部課長その他特定の使用人の場合。

・責任準備金差額を支払った場合

| 借方 | | 貸方 | |
|---|---|---|---|
| 給与※ | ××× | 現金 | ××× |

※変更後の責任準備金＞変更前の責任準備金　差額を支出。

・責任準備金差額を受け取った場合

| 借方 | | 貸方 | |
|---|---|---|---|
| 現金※ | ××× | 雑収入 | ××× |

※変更後の責任準備金＜変更前の責任準備金　差額を受取。

## ▼変更後の保険料の処理

変更後の保険料の経理処理は，その保険が当初から変更後の保険として経理処理を行う。

**★考え方**

　定期保険の契約内容変更の経理処理として令和元（2019）年7月の改正で示されたものに準じて経理処理を行う。

第4章

# その他の税務

## 4-1 計上時期

### ★要するに

保険料は前払費用として各事業年度と期間対応して経理処理することになるが，年払や半年払で法人が前払費用として支払った日から1年以内に提供を受ける役務である場合には，短期前払費用として支払った日の属する事業年度の損金の額に算入しているときは，これが認められる。

生命保険会社は，保険料の収益認証は現金主義で行われており，保険料の未収金としての経理処理は行えない。支払う法人としても未払金での経理処理は一般的には行わない。ただし，払込期月の事前に支払った場合には，払込期月まで前払金として経理処理する。

### ★経理処理 ☞法人税基本通達2-2-14（118頁参照）

#### ▼初回保険料

| 借方 | | 貸方 | |
|---|---|---|---|
| 保険料※1 | ××× | 現金※2 | ××× |

※1　保険商品・契約形態などにしたがった科費目で計上。
※2　現金支払日に経理処理。

診査・申込書・保険料の入金などが揃っていても，契約日が翌月1日となっている保険会社もあるが，保険会社は入金時点で収益として計上しているため，入金日の処理とすることが一般的である。

クレジットカード払いなどの場合も，カード手続きを行った日で取り扱う。

〈参考〉

団体福祉保険の場合は，初回保険料は契約日の前に支払うとなっており，生命保険会社の責任準備金も翌月に計上ということになっているため，支払った法人も支払った日には前払金として計上し，契約日に保険料として計上する。

#### ▼現金支払日

| 借方 | | 貸方 | |
|---|---|---|---|
| 前払保険料 | ×××　 | 現金 | ××× |

#### ▼契約日

| 借方 | | 貸方 | |
|---|---|---|---|
| 保険料 | ×××　 | 前払保険料 | ××× |

#### ▼継続保険料

| 借方 | | 貸方 | |
|---|---|---|---|
| 保険料[1] | ×××　 | 現金[2] | ××× |

※1　保険商品・契約形態などに従った科費目で計上。
※2　現金支払日に経理処理。

保険料は現金で支払日に経理処理すると考える。払込期月と猶予期間との間に決算日となる場合などで，年払であった場合は猶予期間に支払うことで短期前払費用となる継続的に支払うといった条件から外れると考えられるため，期間按分での経理処理とすると考えられる。

付録

# 参照法令等

## ★参照法令等

| | |
|---|---|
| 保険法第2条第九号 | **（定義）**<br>九　傷害疾病定額保険契約　保険契約のうち，保険者が人の傷害疾病に基づき一定の保険給付を行うことを約するものをいう。 |
| 所得税法施行令第30条 | **（非課税とされる保険金，損害賠償金等）**<br>法第9条第1項第十七号（非課税所得）に規定する政令で定める保険金及び損害賠償金（これらに類するものを含む。）は，次に掲げるものその他これらに類するもの（これらのものの額のうちに同号の損害を受けた者の各種所得の金額の計算上必要経費に算入される金額を補てんするための金額が含まれている場合には，当該金額を控除した金額に相当する部分）とする。<br>一　損害保険契約（保険業法（平成7年法律第105号）第2条第4項（定義）に規定する損害保険会社若しくは同条第9項に規定する外国損害保険会社等の締結した保険契約又は同条第18項に規定する少額短期保険業者（以下この号において「少額短期保険業者」という。）の締結したこれに類する保険契約をいう。以下この条において同じ。）に基づく保険金，生命保険契約（同法第2条第3項に規定する生命保険会社若しくは同条第8項に規定する外国生命保険会社等の締結した保険契約又は少額短期保険業者の締結したこれに類する保険契約をいう。以下この号において同じ。）又は旧簡易生命保険契約（郵政民営化法等の施行に伴う関係法律の整備等に関する法律（平成17年法律第102号）第2条（法律の廃止）の規定による廃止前の簡易生命保険法（昭和24年法律第68号）第3条（政府保証）に規定する簡易生命保険契約をいう。）に基づく給付金及び損害保険契約又は生命保険契約に類する共済に係る契約に基づく共済金で，身体の傷害に基因して支払を受けるもの並びに心身に加えられた損害につき支払を受ける慰謝料その他の損害賠償金（その損害に基因して勤務又は業務に従事することができなかつたことによる給与又は収益の補償として受けるものを含む。）<br>二　損害保険契約に基づく保険金及び損害保険契約に類する共済に係る契約に基づく共済金（前号に該当するもの及び第184条第4項（満期返戻金等の意義）に規定する満期返戻金等その他これに類するものを除く。）で資産の損害に基因して支払を受けるもの並びに不法行為その他突発的な事故により資産に加えられた損害につき支払を受ける損害賠償金（これらのうち第94条（事業所得の収入金額とされる保険金等）の規定に該当するものを除く。）<br>三　心身又は資産に加えられた損害につき支払を受ける相当の見舞金（第94条の規定に該当するものその他役務の対価たる性質を有するものを除く。） |

| 所得税法施行令第82条の3 | 別表　余命年数表（第八十二条の三，第百八十五条関係） |||||||||
|---|---|---|---|---|---|---|---|---|---|
| | 年金の支給開始日における年齢 | 余命年数 || 年金の支給開始日における年齢 | 余命年数 || 年金の支給開始日における年齢 | 余命年数 ||
| | | 男 | 女 | | 男 | 女 | | 男 | 女 |
| | 歳 | 年 || 歳 | 年 || 歳 | 年 ||
| | 0 | 74 | 80 | 33 | 43 | 48 | 66 | 14 | 18 |
| | 1 | 74 | 79 | 34 | 42 | 47 | 67 | 14 | 17 |
| | 2 | 73 | 78 | 35 | 41 | 46 | 68 | 13 | 16 |
| | 3 | 72 | 77 | 36 | 40 | 45 | 69 | 12 | 15 |
| | 4 | 71 | 77 | 37 | 39 | 44 | 70 | 12 | 14 |
| | 5 | 70 | 76 | 38 | 38 | 43 | 71 | 11 | 14 |
| | 6 | 69 | 75 | 39 | 37 | 42 | 72 | 10 | 13 |
| | 7 | 68 | 74 | 40 | 36 | 41 | 73 | 10 | 12 |
| | 8 | 67 | 73 | 41 | 35 | 40 | 74 | 9 | 11 |
| | 9 | 66 | 72 | 42 | 34 | 39 | 75 | 8 | 11 |
| | 10 | 65 | 71 | 43 | 33 | 38 | 76 | 8 | 10 |
| | 11 | 64 | 70 | 44 | 32 | 37 | 77 | 7 | 9 |
| | 12 | 63 | 69 | 45 | 32 | 36 | 78 | 7 | 9 |
| | 13 | 62 | 68 | 46 | 31 | 36 | 79 | 6 | 8 |
| | 14 | 61 | 67 | 47 | 30 | 35 | 80 | 6 | 8 |
| | 15 | 60 | 66 | 48 | 29 | 34 | 81 | 6 | 7 |
| | 16 | 59 | 65 | 49 | 28 | 33 | 82 | 5 | 7 |
| | 17 | 58 | 64 | 50 | 27 | 32 | 83 | 5 | 6 |
| | 18 | 57 | 63 | 51 | 26 | 31 | 84 | 4 | 6 |
| | 19 | 56 | 62 | 52 | 25 | 30 | 85 | 4 | 5 |
| | 20 | 55 | 61 | 53 | 25 | 29 | 86 | 4 | 5 |
| | 21 | 54 | 60 | 54 | 24 | 28 | 87 | 4 | 4 |
| | 22 | 53 | 59 | 55 | 23 | 27 | 88 | 3 | 4 |
| | 23 | 52 | 58 | 56 | 22 | 26 | 89 | 3 | 4 |
| | 24 | 51 | 57 | 57 | 21 | 25 | 90 | 3 | 3 |
| | 25 | 50 | 56 | 58 | 20 | 25 | 91 | 3 | 3 |

| | | | | | | | | |
|---|---|---|---|---|---|---|---|---|
| 26 | 50 | 55 | 59 | 20 | 24 | 92 | 2 | 3 |
| 27 | 49 | 54 | 60 | 19 | 23 | 93 | 2 | 3 |
| 28 | 48 | 53 | 61 | 18 | 22 | 94 | 2 | 2 |
| 29 | 47 | 52 | 62 | 17 | 21 | 95 | 2 | 2 |
| 30 | 46 | 51 | 63 | 17 | 20 | 96 | 2 | 2 |
| 31 | 45 | 50 | 64 | 16 | 19 | 97歳以上 | 1 | 1 |
| 32 | 44 | 49 | 65 | 15 | 18 | | | |

| 所得税基本通達34-4 | (生命保険契約等に基づく一時金又は損害保険契約等に基づく満期返戻金等に係る所得金額の計算上控除する保険料等) |
|---|---|

令第183条第2項第二号又は第184条第2項第二号に規定する保険料又は掛金の総額（令第183条第4項又は第184条第3項の規定の適用後のもの。）には，以下の保険料又は掛金の額が含まれる。（平11課所4-1，平24課個2-11，課審4-8改正）

(1) その一時金又は満期返戻金等の支払を受ける者が自ら支出した保険料又は掛金
(2) 当該支払を受ける者以外の者が支出した保険料又は掛金であって，当該支払を受ける者が自ら負担して支出したものと認められるもの

(注)
1 使用者が支出した保険料又は掛金で36—32により給与等として課税されなかったものの額は，上記(2)に含まれる。
2 相続税法の規定により相続，遺贈又は贈与により取得したものとみなされる一時金又は満期返戻金等に係る部分の金額は，上記(2)に含まれない。

| 法人税基本通達2-2-14 | (短期の前払費用) |
|---|---|

前払費用（一定の契約に基づき継続的に役務の提供を受けるために支出した費用のうち当該事業年度終了の時においてまだ提供を受けていない役務に対応するものをいう。以下2-2-14において同じ。）の額は，当該事業年度の損金の額に算入されないのであるが，法人が，前払費用の額でその支払った日から1年以内に提供を受ける役務に係るものを支払った場合において，その支払った額に相当する金額を継続してその支払った日の属する事業年度の損金の額に算入しているときは，これを認める。（昭55年直法2-8「七」により追加，昭61年直法2-12「二」により改正）
(注) 例えば借入金を預金，有価証券等に運用する場合のその借入金に係る支払利子のように，収益の計上と対応させる必要があるものについては，後段の取扱いの適用はないものとする。

| | |
|---|---|
| 法人税基本通達9-3-4 | **(養老保険に係る保険料)**<br>　法人が，自己を契約者とし，役員又は使用人（これらの者の親族を含む。）を被保険者とする養老保険（被保険者の死亡又は生存を保険事故とする生命保険をいい，特約が付されているものを含むが，9-3-6に定める定期付養老保険等を含まない。以下9-3-7の2までにおいて同じ。）に加入してその保険料（令第135条《確定給付企業年金等の掛金等の損金算入》の規定の適用があるものを除く。以下9-3-4において同じ。）を支払った場合には，その支払った保険料の額（特約に係る保険料の額を除く。）については，次に掲げる場合の区分に応じ，それぞれ次により取り扱うものとする。（昭55年直法2-15「十三」により追加，昭59年直法2-3「五」，平15年課法2-7「二十四」，令元年課法2-13により改正）<br>(1)　死亡保険金（被保険者が死亡した場合に支払われる保険金をいう。以下9-3-4において同じ。）及び生存保険金（被保険者が保険期間の満了の日その他一定の時期に生存している場合に支払われる保険金をいう。以下9-3-4において同じ。）の受取人が当該法人である場合　その支払った保険料の額は，保険事故の発生又は保険契約の解除若しくは失効により当該保険契約が終了する時までは資産に計上するものとする。<br>(2)　死亡保険金及び生存保険金の受取人が被保険者又はその遺族である場合　その支払った保険料の額は，当該役員又は使用人に対する給与とする。<br>(3)　死亡保険金の受取人が被保険者の遺族で，生存保険金の受取人が当該法人である場合　その支払った保険料の額のうち，その2分の1に相当する金額は(1)により資産に計上し，残額は期間の経過に応じて損金の額に算入する。ただし，役員又は部課長その他特定の使用人（これらの者の親族を含む。）のみを被保険者としている場合には，当該残額は，当該役員又は使用人に対する給与とする。 |
| 法人税基本通達9-3-5 | **(定期保険及び第三分野保険に係る保険料)**<br>　法人が，自己を契約者とし，役員又は使用人（これらの者の親族を含む。）を被保険者とする定期保険（一定期間内における被保険者の死亡を保険事故とする生命保険をいい，特約が付されているものを含む。以下9-3-7の2までにおいて同じ。）又は第三分野保険（保険業法第3条第4項第二号《免許》に掲げる保険（これに類するものを含む。）をいい，特約が付されているものを含む。以下9-3-7の2までにおいて同じ。）に加入してその保険料を支払った場合には，その支払った保険料の額（特約に係る保険料の額を除く。以下9-3-5の2までにおいて同じ。）については，9-3-5の2《定期保険等の保険料に相当多額の前払部分の保険料が含まれる場合の取扱い》の適用を受けるものを除き，次に掲げる場合の区分に応じ，それ |

119

ぞれ次により取り扱うものとする。（昭55年直法２-15「十三」により追加，昭59年直法２-３「五」，令元年課法２-13により改正）

(1) 保険金又は給付金の受取人が当該法人である場合　その支払った保険料の額は，原則として，期間の経過に応じて損金の額に算入する。

(2) 保険金又は給付金の受取人が被保険者又はその遺族である場合　その支払った保険料の額は，原則として，期間の経過に応じて損金の額に算入する。ただし，役員又は部課長その他特定の使用人（これらの者の親族を含む。）のみを被保険者としている場合には，当該保険料の額は，当該役員又は使用人に対する給与とする。

(注)

1　保険期間が終身である第三分野保険については，保険期間の開始の日から被保険者の年齢が116歳に達する日までを計算上の保険期間とする。

2　(1)及び(2)前段の取扱いについては，法人が，保険期間を通じて解約返戻金相当額のない定期保険又は第三分野保険（ごく少額の払戻金のある契約を含み，保険料の払込期間が保険期間より短いものに限る。以下９-３-５において「解約返戻金相当額のない短期払の定期保険又は第三分野保険」という。）に加入した場合において，当該事業年度に支払った保険料の額（一の被保険者につき２以上の解約返戻金相当額のない短期払の定期保険又は第三分野保険に加入している場合にはそれぞれについて支払った保険料の額の合計額）が30万円以下であるものについて，その支払った日の属する事業年度の損金の額に算入しているときには，これを認める。

| 法人税基本通達９-３-５の２ | **（定期保険等の保険料に相当多額の前払部分の保険料が含まれる場合の取扱い）**<br><br>　法人が，自己を契約者とし，役員又は使用人（これらの者の親族を含む。）を被保険者とする保険期間が３年以上の定期保険又は第三分野保険（以下９-３-５の２において「定期保険等」という。）で最高解約返戻率が50％を超えるものに加入して，その保険料を支払った場合には，当期分支払保険料の額については，次表に定める区分に応じ，それぞれ次により取り扱うものとする。ただし，これらの保険のうち，最高解約返戻率が70％以下で，かつ，年換算保険料相当額（一の被保険者につき２以上の定期保険等に加入している場合にはそれぞれの年換算保険料相当額の合計額）が30万円以下の保険に係る保険料を支払った場合については，９-３-５の例によるものとする。（令元年課法２-13により追加）<br><br>(1)　当該事業年度に次表の資産計上期間がある場合には，当期分支払保険料の額のうち，次表の資産計上額の欄に掲げる金額（当期分支払保険料の額に相当する額を限度とする。）は資産に計上し，残額は損金の額に算入する。<br><br>(注)　当該事業年度の中途で次表の資産計上期間が終了す |

る場合には，次表の資産計上額については，当該分支払
保険料の額を当該事業年度の月数で除して当該事業年度
に含まれる資産計上期間の月数（1月未満の端数がある
場合には，その端数を切り捨てる。）を乗じて計算した金
額により計算する。また，当該事業年度の中途で次表の
資産計上額の欄の「保険期間の開始の日から，10年を経
過する日」が到来する場合の資産計上額についても，同
様とする。

(2) 当該事業年度に次表の資産計上期間がない場合（当該
事業年度に次表の取崩期間がある場合を除く。）には，当
期分支払保険料の額は，損金の額に算入する。

(3) 当該事業年度に次表の取崩期間がある場合には，当期
分支払保険料の額（(1)により資産に計上することとなる
金額を除く。）を損金の額に算入するとともに，(1)により
資産に計上した金額の累積額を取崩期間（当該取崩期間
に1月未満の端数がある場合には，その端数を切り上げ
る。）の経過に応じて均等に取り崩した金額のうち，当該
事業年度に対応する金額を損金の額に算入する。

| 区分 | 資産計上期間 | 資産計上額 | 取崩期間 |
|---|---|---|---|
| 最高解約返戻率50％超70％以下 | 保険期間の開始の日から，当該保険期間の100分の40相当期間を経過する日まで | 当期分支払保険料の額に100分の40を乗じて計算した金額 | 保険期間の100分の75相当期間経過後から，保険期間の終了の日まで |
| 最高解約返戻率70％超85％以下 | | 当期分支払保険料の額に100分の60を乗じて計算した金額 | |
| 最高解約返戻率85％超 | 保険期間の開始の日から，最高解約返戻率となる期間（当該期間経過後の各期間において，その期間における解約返戻金相当額からその直前の期間における解約返戻金相当額を控除した金額を年換算保険料相当額で除した割合が100分の70を超える期間がある場合には，その超えることとなる期間） | 当期分支払保険料の額に最高解約返戻率の100分の70（保険期間の開始の日から，10年を経過する日までは，100分の90）を乗じて計算した金額 | 解約返戻金相当額が最も高い金額となる期間（資産計上期間がこの表の資産計上期間の欄に掲げる（注）に該当する場合には，当該（注）による資産計上期間）経過後から，保険期間の終了の日まで |

| | | | |
|---|---|---|---|
| | の終了の日まで<br>(注)　上記の資産計上期間が5年未満となる場合には，保険期間の開始の日から，5年を経過する日まで（保険期間が10年未満の場合には，保険期間の開始の日から，当該保険期間の100分の50相当期間を経過する日まで）とする。 | | |

(注)　1　「最高解約返戻率」,「当期分支払保険料の額」,「年換算保険料相当額」及び「保険期間」とは，それぞれ次のものをいう。

イ　最高解約返戻率とは，その保険の保険期間を通じて解約返戻率（保険契約時において契約者に示された解約返戻金相当額について，それを受けることとなるまでの間に支払うこととなる保険料の額の合計額で除した割合）が最も高い割合となる期間におけるその割合をいう。

ロ　当期分支払保険料の額とは，その支払った保険料の額のうち当該事業年度に対応する部分の金額をいう。

ハ　年換算保険料相当額とは，その保険の保険料の総額を保険期間の年数で除した金額をいう。

ニ　保険期間とは，保険契約に定められている契約日から満了日までをいい，当該保険期間の開始の日以後1年ごとに区分した各期間で構成されているものとして本文の取扱いを適用する。

2　保険期間が終身である第三分野保険については，保険期間の開始の日から被保険者の年齢が116歳に達する日までを計算上の保険期間とする。

3　表の資産計上期間の欄の「最高解約返戻率となる期間」及び「100分の70を超える期間」並びに取崩期間の欄の「解約返戻金相当額が最も高い金額となる期間」が複数ある場合には，いずれもその最も遅い期間がそれぞれの期間となることに留意する。

4　一定期間分の保険料の額の前払をした場合には，その全額を資産に計上し，資産に計上した金額のうち当該事業年度に対応する部分の金額について，本文の取扱いによることに留意する。

5　本文の取扱いは，保険契約時の契約内容に基づいて適用するのであるが，その契約内容の変更があった場合，保険期間のうち当該変更以後の期間においては，変更後の契約内容に基づいて9－3－4から9－3－6の2の取扱いを適用する。

なお，その契約内容の変更に伴い，責任準備金相当額の過不足の精算を行う場合には，その変更後の契約内容に基づいて計算した資産計上額の累積額と既往の資産計上額の累積額との差額について調整を行うことに留意する。

6　保険金又は給付金の受取人が被保険者又はその遺族である場合であって，役員又は部課長その他特定の使用人（これらの者の親族を含む。）のみを被保険者としているときには，本文の取扱いの適用はなく，9－3－5の(2)の例により，その支払った保険料の額は，当該役員又は使用人に対する給与となる。

| 法人税基本通達9－3－6 | **（定期付養老保険等に係る保険料）**<br>　法人が，自己を契約者とし，役員又は使用人（これらの者の親族を含む。）を被保険者とする定期付養老保険（養老保険に定期保険又は第三分野保険を付したものをいう。以下9－3－7までにおいて同じ。）に加入してその保険料を支払った場合には，その支払った保険料の額（特約に係る保険料の額を除く。）については，次に掲げる場合の区分に応じ，それぞれ次により取り扱うものとする。（昭55年直法2－15「十三」により追加，昭59年直法2－3「五」，令元年課法2－13により改正）<br>(1)　当該保険料の額が生命保険証券等において養老保険に係る保険料の額と定期保険又は第三分野保険に係る保険料の額とに区分されている場合　それぞれの保険料の額について9－3－4，9－3－5又は9－3－5の2の例による。<br>(2)　(1)以外の場合　その保険料の額について9－3－4の例による。 |
|---|---|
| 法人税基本通達9－3－6の2 | **（特約に係る保険料）**<br>　法人が，自己を契約者とし，役員又は使用人（これらの者の親族を含む。）を被保険者とする特約を付した養老保険，定期保険，第三分野保険又は定期付養老保険等に加入し，当該特約に係る保険料を支払った場合には，その支払った保険料の額については，当該特約の内容に応じ，9－3－4，9－3－5又は9－3－5の2の例による。（昭59年直法2－3「五」により追加，令元年課法2－13により改正） |
| 法人税基本通達9－3－7 | **（保険契約の転換をした場合）**<br>　法人がいわゆる契約転換制度によりその加入している養老保険，定期保険，第三分野保険又は定期付養老保険等を他の養老保険，定期保険，第三分野保険又は定期付養老保険等（以下9－3－7において「転換後契約」という。）に転換した場合には，資産に計上している保険料の額（以下9－3－7において「資産計上額」という。）のうち，転換後契約の責任準備金に充当される部分の金額（以下9－3－7において「充当額」という。）を超える部分の金額をそ |

| | |
|---|---|
| | の転換をした日の属する事業年度の損金の額に算入することができるものとする。この場合において，資産計上額のうち充当額に相当する部分の金額については，その転換のあった日に保険料の一時払いをしたものとして，転換後契約の内容に応じて9－3－4から9－3－6の2までの例（ただし，9－3－5の2の表の資産計上期間の欄の（注）を除く。）による。(昭55年直法2－15「十三」により追加，令元年課法2－13により改正) |
| 法人税基本通達9－3－8 | **(契約者配当)**<br>　法人が生命保険契約（適格退職年金契約に係るものを含む。）に基づいて支払を受ける契約者配当の額については，その通知（据置配当については，その積立てをした旨の通知）を受けた日の属する事業年度の益金の額に算入するのであるが，当該生命保険契約が9－3－4の(1)に定める場合に該当する場合（9－3－6の(2)により9－3－4の(1)の例による場合を含む。）には，当該契約者配当の額を資産に計上している保険料の額から控除することができるものとする。(昭55年直法2－15「十三」により改正)<br>（注）<br>1　契約者配当の額をもっていわゆる増加保険に係る保険料の額に充当することになっている場合には，その保険料の額については，9－3－4から9－3－6までに定めるところによる。<br>2　据置配当又は未収の契約者配当の額に付される利子の額については，その通知のあった日の属する事業年度の益金の額に算入するのであるから留意する。 |
| 平　成　2<br>(1990) 年<br>5 月30日<br>直審4-19 | **法人が契約する個人年金保険に係る法人税の取扱いについて**<br>　標題のことについては，当面下記により取り扱うこととしたから，今後処理するものからこれによられたい。<br>（趣旨）<br>　個人年金保険は，年金支払開始日に被保険者が生存しているときには，同日以後の一定期間にわたって年金が支払われ，また，同日前に被保険者が死亡したときには，所定の死亡給付金が支払われる生命保険であるが，いわゆる満期保険金はなく，死亡給付金の額が保険料払込期間の経過期間に応じて逓増するなど，同じく被保険者の死亡又は生存を保険事故とする生命保険である養老保険とはその仕組みが異なっている。このため，法人が，自己を契約者とし，役員又は使用人を被保険者とする個人年金保険に加入してその保険料を支払った場合における支払保険料の損金算入等の取扱いについては，法人税基本通達9－3－4及び9－3－8の定めをそのまま準用することは適当でない。また，年金の収受に伴う保険差損益の計上時期等についても明らかにする必要がある。そこで，その支払保険料の損金算入等の取扱いを明らかにすることとしたものである。<br>1　個人年金保険の内容 |

この通達に定める取扱いの対象とする個人年金保険は，法人が，自己を契約者とし，役員又は使用人（これらの者の親族を含む。）を被保険者として加入した生命保険で，当該保険契約に係る年金支払開始日に被保険者が生存しているときに所定の期間中，年金が当該保険契約に係る年金受取人に支払われるものとする。

(注)　法人税法施行令第135条（適格退職年金契約等の掛金等の損金算入）の規定の適用のあるもの及び法人税基本通達9-3-4の定めの適用のあるものは，この通達に定める取扱いの対象とならないことに留意する。

2　個人年金保険に係る保険料の取扱い
　法人が個人年金保険に加入してその保険料を支払った場合には，その支払った保険料の額（傷害特約等の特約に係る保険料の額を除く。）については，次に掲げる場合の区分に応じ，それぞれ次により取り扱うものとする。

(注)　傷害特約等の特約に係る保険料の取扱いについては，法人税基本通達9-3-6の2の定めを準用する。

(1)　死亡給付金（年金支払開始日前に被保険者が死亡した場合に支払われる死亡給付金又は死亡保険金をいう。以下同じ。）及び年金（年金支払開始日に被保険者が生存している場合に支払われる年金をいう。以下同じ。）の受取人が当該法人である場合　その支払った保険料の額は，下記の5（資産計上した保険料等の取崩し）の定めにより取り崩すまでは資産に計上するものとする。

(2)　死亡給付金及び年金の受取人が当該被保険者又はその遺族である場合　その支払った保険料の額は，当該役員又は使用人に対する給与とする。

(3)　死亡給付金の受取人が当該法人の遺族で，年金の受取人が当該法人である場合　その支払った保険料の額のうち，その90％に相当する金額は(1)により資産に計上し，残額は期間の経過に応じて損金の額に算入する。ただし，役員又は部課長その他特定の使用人（これらの者の遺族を含む。）のみを被保険者としている場合には，当該残額は，当該役員又は使用人に対する給与とする。

3　年金支払開始日前に支払を受ける契約者配当の取扱い
　法人が個人年金保険の保険契約に基づいて年金支払開始日前に支払を受ける契約者配当の額については，その通知を受けた日の属する事業年度の益金の額に算入する。ただし，当該保険契約の年金の受取人が被保険者であり，かつ，当該法人と当該被保険者との契約により，当該法人が契約者配当の支払請求をしないでその全額を年金支払開始日まで積み立てておくこと（当該積み立てた契約者配当の額が，生命保険会社において年金支払開始日に当該保険契約の責任準備金に充当され，年金の額が増加する（これにより増加する年金を「増加年金」という。以下同じ。）こと）が明らかである場合には，当該契約者配当の額を益金の額に算入しないことができる。

(注)　契約者配当の額に付される利子の額については，本文ただし書の定めにより当該契約者配当の額を益金の額

に算入しない場合を除き，その通知を受けた日の属する事業年度の益金の額に算入するのであるから留意する。

4　年金支払開始日以後に支払を受ける契約者配当の取扱い

法人が個人年金保険の年金の受取人である場合に当該保険契約に基づいて年金支払開始日以後に支払を受ける契約者配当の額については，その通知を受けた日の属する事業年度の益金の額に算入する。ただし，年金支払開始日に分配される契約者配当で，生命保険会社から年金として支払われるもの（年金受取人の支払方法の選択によるものを除く。）については，当該契約者配当の額をその通知を受けた日の属する事業年度の益金の額に算入しないことができる。

なお，益金の額に算入した契約者配当の額を一時払保険料に充当した場合には，下記の5（資産計上した保険料等の取崩し）に定めるところにより取り崩すまでは資産に計上するものとする（以下この通達において，契約者配当を充当した一時払保険料を「買増年金積立保険料」という。）。

(注)　契約者配当の額に付される利子の額については，その通知を受けた日の属する事業年度の益金の額に算入するのであるから留意する。

5　資産計上した保険料等の取崩し

資産に計上した保険料等の取崩しについては，次に掲げる場合の区分に応じ，それぞれ次に掲げるところによる。

(1)　年金支払開始日前に死亡給付金支払の保険事故が生じた場合　当該保険事故が生じた日（死亡給付金の受取人が当該法人である場合には，死亡給付金の支払通知を受けた日）の属する事業年度において，当該保険契約に基づいて資産に計上した支払保険料の額及び資産に計上した契約者配当等（配当を積み立てたことにより付される利子を含む。以下同じ。）の額の全額を取り崩して損金の額に算入する。

(注)　この場合，死亡給付金の受取人が法人であるときには，支払を受ける死亡給付金の額及び契約者配当等の額を法人の益金の額に算入するから留意する。

(2)年金の受取人が役員又は使用人である保険契約に係る年金支払開始日が到来した場合　当該年金支払開始日の属する事業年度において，当該保険契約に基づいて資産に計上した契約者配当等の額の全額を取り崩して損金の額に算入する。

(3)　年金の受取人が当該法人である保険契約に基づいて契約年金（年金支払開始日前の支払保険料に係る年金をいう。以下同じ。）及び増加年金の支払を受ける場合（年金の一時支払を受ける場合を除く。）　当該年金の支払通知を受けた日の属する事業年度において，当該保険契約に基づいて年金支払開始日までに資産に計上した支払保険料の額及び年金支払開始日に責任準備金に充当された契約者配当等の額の合計額（以下この通達において，「年金積立保険料の額」という。）に，当該支払を受ける契約年

金の額及び増加年金の額の合計額が年金支払総額（次に掲げる場合の区分に応じ，それぞれ次に掲げる金額をいう。以下同じ。）に占める割合を乗じた金額に相当する額の年金積立保険料の額を取り崩して損金の額に算入する。

イ　当該保険契約が確定年金（あらかじめ定められた期間（以下この通達において，その期間を「保証期間」という。）中は被保険者の生死にかかわらず年金が支払われることとされているものをいう。以下同じ。）である場合　当該保険契約に基づいて当該保証期間中に支払われる契約年金の額及び増加年金の額の合計額

ロ　当該保険契約が保証期間付終身年金（保証期間中は被保険者の生死にかかわらず年金が支払われ，あるいは保証期間中に被保険者が死亡したときには保証期間に対応する年金の支払残額が支払われ，保証期間経過後は年金支払開始日の応当日に被保険者が生存しているときに年金が支払われるものをいう。以下同じ。）である場合　当該保険契約に基づいて当該保証期間と被保険者の余命年数（年金支払開始日における所得税法施行令の別表「余命年数表」に掲げる余命年数をいう。以下同じ。）の期間とのいずれか長い期間中に支払われる契約年金の額及び増加年金の額の合計額。ただし，保証期間中に被保険者が死亡したとき以後にあっては，当該保険契約に基づいて当該保証期間中に支払われる契約年金の額及び増加年金の額の合計額

ハ　当該保険契約が有期年金（保証期間中において被保険者が生存しているときに年金が支払われ，保証期間中に被保険者が死亡した場合で年金基金残額があるときには死亡一時金が支払われるものをいう。以下同じ。）である場合　被保険者の生存を前提に，当該保険契約に基づき当該保証期間中に支払われる契約年金の額及び増加年金の額の合計額

なお，保証期間付終身年金で，かつ，被保険者の余命年数の期間中の年金支払総額に基づき年金積立保険料の額の取崩額を算定している保険契約に係る被保険者が死亡した場合には，その死亡の日の属する事業年度において，その日が当該保険契約に係る保証期間経過後であるときは，当該保険契約に係る年金積立保険料の額の取崩残額の全額を，また，その日が保証期間中であるときは，当該保険契約に係る年金積立保険料の額に，既に支払を受けた契約年金の額及び増加年金の額の合計額が保証期間中の年金総額に占める割合から同合計額が余命年数の期間中の年金支払総額に占める割合を控除した割合を乗じた額に相当する額の年金積立保険料の額を，それぞれ取り崩して損金の額に算入することができる。

(4)　年金受取人が当該法人である保険契約に基づいて買増年金（年金支払開始日後の契約者配当により買い増した年金をいう。以下同じ。）の支払を受ける場合（年金の一時支払を受ける場合を除く。）　当該買増年金の支払を受

ける日の属する事業年度において、当該保険契約に基づいて支払を受ける1年分の買増年金ごとに次の算式により求められる額に相当する額（当該支払を受ける買増年金が分割払の場合にあっては、当該金額を分割回数によりあん分した額）の買増年金積立保険料の額を取り崩して損金の額に算入する。

なお、当該保険契約が保証期間付終身年金で、保証期間及び被保険者の余命年数の期間のいずれをも経過した後においては、当該保険契約に係る買増年金積立保険料の額の全額を取り崩して損金の額に算入する。

（算式）

買増年金の受取に伴い取り崩すべき「買増年金積立保険料」の額（年額）＝前年分の買増年金の受取の時においてこの算式により算定される取崩額（年額）＋新たに一時払保険料に充当した契約者配当の額÷新たに一時払保険料に充当した後の年金の支払回数

（注）

1　算式の「新たに一時払保険料に充当した後の年金の支払回数」については、次に掲げる場合に応じ、それぞれ次に掲げる年金の支払回数（年1回払の場合の支払回数をいう。）による。

(1)　当該保険契約が確定年金である場合及び当該保険契約が保証期間付終身年金であり、かつ、被保険者が既に死亡している場合　当該保険契約に係る保証期間中の年金の支払回数から新たに買増年金の買増しをする時までに経過した年金の支払回数を控除した回数

(2)　当該保険契約が保証期間付終身年金であり、かつ、被保険者が生存している場合　当該保険契約に係る保証期間と当該被保険者の余命年数の期間とのいずれか長い期間中の年金の支払回数から新たに買増年金の買増しをする時までに経過した年金の支払回数を控除した回数

2　保険契約が保証期間付終身年金に係る買増年金積立保険料の取崩しにつき、被保険者の余命年数の期間の年金支払回数に基づき算定される額を取り崩すべきであるものに係る被保険者が死亡した場合の取崩額の調整については、上記(3)のなお書を準用する。

(5)　年金受取人が当該法人である保険契約に基づいて年金の一時支払を受ける場合　当該保険契約が年金の一時支払のときに消滅するものか否かに応じ、それぞれ次に掲げるところによる。

イ　当該保険契約が年金の一時支払のときに消滅するもの

年金の一時支払を受ける日の属する事業年度において、当該保険契約に係る年金積立保険料の額の取崩残額及び買増年金積立保険料の額（既に取り崩した額を除く。）の全額を取り崩して損金の額に算入する。

ロ　当該保険契約が年金の一時支払のときには消滅しないもの

年金の一時支払を受ける日の属する事業年度において、当該保険契約に係る年金積立保険料の額及び買増年金積立

保険料の額につき保証期間の残余期間を通じて年金の支払を受けることとした場合に取り崩すこととなる額に相当する額を取り崩して損金の額に算入し，その余の残額については，保証期間経過後の年金の支払を受ける日の属する事業年度において，上記(3)及び(4)に基づき算定される額に相当する額の年金積立保険料の額及び買増年金積立保険料の額を取り崩して損金の額に算入する。

なお，年金の一時支払を受けた後に被保険者が死亡した場合には，その死亡の日の属する事業年度において，当該保険契約に係る年金積立保険料の額の取崩残額及び買増年金積立保険料の額（既に取り崩した額を除く。）の全額を取り崩して損金の額に算入する。

(6) 保険契約を解約した場合及び保険契約者の地位を変更した場合 当該事実が生じた日の属する事業年度において，当該保険契約に基づいて資産に計上した支払保険料の額及び資産に計上した契約者配当等の額の全額を取り崩して損金の額に算入する。

(注) 保険契約を解約したときには，解約返戻金の額及び契約者配当等の額を法人の益金の額に算入するのであるから留意する。

6 保険契約者の地位を変更した場合の役員又は使用人の課税関係

保険契約者である法人が，年金支払開始日前において，被保険者である役員又は使用人が退職したこと等に伴い個人年金保険の保険契約者及び年金受取人の地位（保険契約の権利）を当該役員又は使用人に変更した場合には，所得税基本通達36-37に準じ，当該契約を解約した場合の解約返戻金の額に相当する額（契約者配当等の額がある場合には，当該金額を加算した額）の退職給与又は賞与の支払があったものとして取り扱う。

| 平 成 15 (2003) 年 12 月 15 日 国税庁「電話等照会回答連絡票」 | 収入保障保険，年金払特約付養老保険（法人受取契約）の税務取扱について<br><br>支払事由発生前から年金で支払う旨を約定している収入保障保険並びに年金払特約付契約（法人受取契約）については，年金受取の都度，益金計上して差し支えない。<br><br>ただし，年金支払開始時または年金支払開始後に年金の一部を一括受取した場合には，利益操作を抑止する観点から，その時点の未払年金現価を全額益金計上※する。<br><br>※年金の一部一括払が約款に規定されているかどうかは問わず，実際に一部一括払した契約について，未払年金現価を益金計上する。 |
| --- | --- |
| 国税不服裁判所裁決事例集（平成5年8月24日，No.46） | （養老保険の普遍的加入について）<br>1 事実<br>審査請求人（以下「請求人」という。）は，印刷業を営む同族会社であるが，原処分庁は，平成3年12月27日付で，同年2月分の給与所得の源泉徴収に係る所得税（以下「源泉所得税」という。）について，給与所得の金額を14,529,350 |

円，源泉所得税の額を3,786,238円とする納税告知処分及び不納付加算税の額を378,000円とする賦課決定処分をした。

　請求人は，平成4年2月18日，これらの処分を不服として異議申立てをしたところ，異議審理庁は，同年5月13日付で原処分のうち，源泉所得税の額について3,785,709円，不納付加算税の額について378,000円を超える部分を取り消す旨の異議決定（以下，それぞれ異議決定により一部取り消された後の納税告知処分を「本件納税告知処分」，不納付加算税の賦課決定処分を「本件不納付加算税の賦課決定処分」という。）をした。

　請求人は，平成4年6月12日，異議決定を経た後の原処分について不服があるとして，審査請求をした。

2　主張
(1)　請求人の主張
　原処分は，次の理由により違法であるから，その全部の取消しを求める。
イ　本件納税告知処分について
　請求人は，平成3年2月25日，請求人の役員及び使用人（以下「従業員」という。）の福利厚生及び退職慰労金の財源確保を目的に，A生命保険相互会社（以下「A生命」という。）との間において，いわゆる養老保険契約（以下「本件保険契約」という。）を締結した。

　請求人は，本件保険契約が，請求人を契約者，別表1（略）に記載の従業員を被保険者，満期保険金の受取人を請求人，死亡保険金の受取人を被保険者の遺族等とする保険契約であることから，その保険料の税務上の取扱いについて，法人税基本通達9−3−4《養老保険に係る保険料》の(3)及び所得税基本通達36−31《使用者契約の養老保険に係る経済的利益》の(3)（以下「本件通達」といい，法人税基本通達9−3−4と併せて「本件両通達」という。）の本文に従って，その支払った保険料29,054,780円（以下「本件保険料」という。）のうちの2分の1に相当する金額14,527,390円は資産に計上し，残額は損金の額に算入し，本件通達のただし書の適用はないものと判断していた。

　ところが，原処分庁は，本件保険契約に係る被保険者が請求人の役員と使用人のうちの役付者のみであり従業員全員でないことから，請求人の保険加入目的である従業員の福利厚生等に即応しておらず，本件保険料の支払が，本件両通達のただし書にいう役員又は特定の使用人のみを被保険者としている場合に該当するとして，本件納税告知処分を行った。

　しかしながら，本件納税告知処分は，次の理由により違法である。
(イ)　本件両通達のただし書の適用について
A　原処分庁は，従業員の福利厚生が前提である以上，全従業員が保険加入の対象となるべきであるにもかかわらず，請求人が本件保険契約の被保険者を従業員のうちの

役付者のみに限定しているとして原処分を行っている。

　しかしながら，養老保険自体，必ずしも一挙に全従事員を被保険者にしなければ加入できないものではなく，税務関係法令，通達においても，全従事員が被保険者でなければならない，あるいは，全従事員の何パーセント以上の人員を被保険者にすべきであるとは定められておらず，また，役付者のみが被保険者の場合には，本件両通達のただし書にいう特定の使用人として取り扱う旨の明示はない。

B　本件両通達のただし書にいう役員又は特定の使用人とは，役付者の中の何人かの高位置にある役員又は部課長という意味であり，特定の使用人とは，使用者の同族関係者並びに使用者が恣意的に限定した者と解釈すべきである。

　また，本件通達に係る注書の２の(2)において，「役員又は使用人の全部又は大部分が同族関係者である法人については，たとえその役員又は使用人の全部を対象として保険に加入する場合であっても，その同族関係者である役員又は使用人については，ただし書を適用する。」としていることからすると，本件通達のただし書は，同族会社の同族関係者を対象とした行為に適用することを意図したものである。

C　本件通達に係る注書の２の(1)において，「保険加入の対象とする役員又は使用人について，加入資格の有無，保険金額等に格差が設けられている場合であっても，それが職種，年齢，勤続年数等に応ずる合理的な基準により，普遍的に設けられた格差であると認めるときは，ただし書を適用しない。」とされている。

　この注書は，本件通達のただし書を適用しない一般的な例示にすぎない。

　請求人は，①勤続年数15年以上，②年齢40歳以上，③定年60歳までの定着度の各要件を勘案し，総合的に検討して別表２（省略）記載のとおり，役員３人，次長・所長３人，課長５人，主任14人及びその他の社員１人の計26人を第１回保険加入の対象者としたものである。

　企業における定着性は，年齢や勤続年数に正比例しないばかりか，転職者の中途採用や退職者が少なくない現下の雇用情勢をかんがみれば，年齢や勤続年数のいずれかによる基準は，普遍的基準ではあるが合理的基準とはいい得ず，むしろ重きを置くべき基準は定着度であり，定着度を推定することこそ合理的基準である。

　したがって，たとえば主任以上という基準も，上記注書にいう合理的な基準である。

　なお，請求人において，主任は，いわゆる管理者ではなく課長の統率指揮の下で業務を推進する経験豊かな職種技能を有する者であり，定着意欲が高いと見られる者である。

D　したがって，本件保険契約に係る被保険者は，本件両通達のただし書にいう役員又は特定の使用人に該当しな

い。

(ロ) 本件保険契約と請求人の保険加入目的との関係について

　　原処分庁は，本件保険契約が請求人の保険加入目的に即応するものでないとしているが，本件保険契約は，以下に述べるとおり，従業員の福利厚生あるいは退職慰労金の財源確保という目的に即応したものである。

A　全従業員を一度に被保険者とするには相当多額の保険料を必要とすること，従業員の中には勤続定着性のない者も多数存在する等の理由から，請求人にとって，最初から全従業員を被保険者とすることは不可能である。

B　そこで，請求人は，経営状態を勘案して計画的に被保険者拡大を図る方針で，初年度に役員及び主任以上の役付者全員を被保険者とし，次年度以降に勤続15年以上の従事員，次に勤続10年以上の従業員を被保険者として養老保険に加入する計画を立て，現実に平成４年２月には被保険者を増加させている。

C　したがって，原処分庁が，平成３年２月の保険加入状況のみをもって，本件保険契約が福利厚生あるいは退職慰労金の財源確保等の目的に即応してなされていないと決めつけるのは不当である。

ロ　不納付加算税の賦課決定処分について

　　以上のとおり，本件納税告知処分は違法であるから，本件不納付加算税の賦課決定処分も違法である。

(2) 原処分庁の主張

　　原処分は，次の理由により適法である。

イ　本件納税告知処分について

　　本件納税告知処分は，次のとおり適法である。

(イ) 本件両通達のただし書の適用について

A　本件通達は，その本文において，使用者が自己を契約者とし，その従事員を被保険者，死亡保険金の受取人を被保険者の遺族等とするいわゆる養老保険契約をなし，被保険者が死亡保険金に係る保険料相当額の経済的利益を享受している場合であっても，被保険者が死亡して初めてその遺族等が保険金を受け取るものであり，保険料の掛け込み段階で一律に給与として課税するのは実情に即さないため，いわば一種の福利厚生費として被保険者が受ける経済的利益はないものとする旨明らかにするとともに，そのただし書において，当該保険契約の被保険者が役員又は特定の使用人のみである場合には，使用者が支払った保険料の２分の１に相当する金額を被保険者が享受する経済的利益として給与として課税することを明らかにしているところである。

　　このように，従業員の福利厚生を前提に経済的利益がないものとして取り扱う以上，原則として全従業員を保険加入の対象とすべきである。

　　しかしながら，全従業員を保険加入の対象としていない場合でも，それが職種，年齢，勤続年数等に応ずる合理的な基準により，普遍的に設けられた格差であると認

められるときは，上記の本件通達が定められた趣旨から，そのただし書を適用しないことになる。

したがって，本件両通達のただし書にいう役員又は特定の使用人を，単に役員又は部課長等役付者全員の中の何人かの高位置にある者に限られるものと解すべきではない。

B　請求人は，本件保険契約に係る被保険者について，①勤続年数15年以上の者，②年齢40歳以上の者，③定年までの定着度の各要件を総合勘案して，各職種より選定した旨主張する。

しかしながら，本件保険契約の被保険者には，別表2（省略）に記載のとおり請求人における勤続年数が15年以上で，かつ，年齢が40歳以上という請求人がいう要件に該当しない者が9人含まれており，むしろ，請求人は，実質的に主任以上の役付者を被保険者の対象としたものと認められる。また，請求人において，主任以上の役付者への昇格は，年齢や勤続年数に直接的に関連するものではない。

したがって，本件保険契約に係る被保険者は，本件両通達のただし書にいう役員又は特定の使用人に該当する。

(ロ)　本件保険契約と請求人の保険加入目的との関係について

請求人は，本件保険契約を従事員の福利厚生及び退職慰労金の財源確保を目的に締結した旨主張しているが，上記(イ)のBのとおり実質的に主任以上の従事員を保険加入の対象にしたものと認められ，従事員のうち役付者でない者をその対象としていないことから，本件保険契約は請求人が主張する保険加入目的に即応するものとは認められない。

(ハ)　したがって，本件保険契約に係る被保険者は，本件両通達のただし書にいう役員又は特定の使用人に該当するから，原処分庁は別表1（省略）の「原処分庁主張額」の「支給金額」欄に記載した死亡保険金に係る保険料相当額を所得税法第28条《給与所得》第1項にいう給与等の収入金額として課税対象額に含め，所得税法第185条《賞与以外の給与等に係る徴収税額》第1項第1号により，本件納税告知処分に係る源泉所得税額を算定した。

ロ　不納付加算税の賦課決定処分について

以上のとおり，本件納税告知処分は適法であり，かつ，請求人が当該告知処分に係る税額を法定納期限までに納付しなかったことについて，国税通則法第67条《不納付加算税》第1項ただし書に規定する正当な理由がある場合に該当しないことから，本件不納付加算税の賦課決定処分は適法になされている。

3　判断

(1)　本件納税告知処分について

本件審査請求の争点は，請求人が支払った本件保険料

について本件両通達のただし書による取扱いをすべきであるか否か，すなわち，本件保険契約の被保険者が，本件両通達のただし書にいう役員又は特定の使用人に該当するか否かにあるので，以下審理する。

イ　請求人提出資料及び原処分関係資料並びに当審判所の調査の結果によれば，次の事実が認められる。

(イ)　請求人は，平成3年2月25日，A生命との間において本件保険契約を締結していること。

(ロ)　本件保険契約は，満期保険金の受取人を請求人，死亡保険金の受取人を被保険者の遺族等とするいわゆる養老保険であり，主契約以外に特約は付されていないこと。

(ハ)　請求人は，平成3年2月25日，A生命に対し本件保険料に充当するため，29,058,700円を支払い，A生命は，同月28日に成立保険料との差額3,920円を請求人に返戻した結果，本件保険料の金額は，29,054,780円であること。

(ニ)　本件保険契約に係る被保険者の氏名，職制上の地位，年齢，保険期間，満期保険金の額及び保険料の金額は，別表1（省略）の「本件保険契約」欄の各欄に記載のとおりであること。

(ホ)　請求人は，本件保険料に係る支払及び返戻について，平成3年2月25日及び28日付の振替伝票により14,527,390円を保険積立金勘定に繰り入れ，結果として14,527,390円を保険料勘定に繰り入れる経理処理をしていること。

(ヘ)　上記(ホ)の保険料勘定に繰り入れた14,527,390円は，請求人が平成3年2月分の源泉徴収の対象とした給与等の収入金額には含まれていないこと。

(ト)　本件保険契約に係る保険加入に関して，平成3年2月1日に取締役会が開催され，同月付で生命保険加入規程が作成されており，その議事内容及び規程内容のうち，保険加入の目的及び被保険者の選定に係る事項の概要は，それぞれ次のとおりであること。

A　取締役会議事録

(A)　保険加入の趣旨は，定年退職者の退職金の財源を積み立てることを第一義とし，併せて従事員の安定定着性の向上を図る。

(B)　被保険者とする従業員は，定着度を重視して年齢，勤続年数，職種，職能を合理的に検討の上選定する。

(C)　次年度，次々年度と段階的に被保険者を増加していく方針とする。

B　生命保険加入規程

(A)　被保険者の範囲は，主任以上の全役付者を対象とし，次年度の被保険者については勤続10年以上の従業員を対象とする。

(B)　保険金額は，加入資格のある従業員は1,000万円とし，管理職は2,000万円とする。

(チ)　請求人の就業規則には，第12条（役職の任免）において，「会社は，業務運営上の必要に応じ，役職に任命し，またはこれを解任することがある。」とされていること。

(リ)　請求人の職制規程には，その第3条（役職者の設置）において，請求人の「社員の役職名はこれを次のとおりとする。(1)部長，(2)工場長，(3)課長，(4)主任」とされていること。

(ヌ)　請求人の人員構成，保険加入の状況，請求人の主張する基準等に該当する者の状況は，それぞれ別表2（省略）のとおりであること。

(ル)　本件保険契約の被保険者であるBは，年齢が47歳，勤続年数が1年であるが，いわゆるヘッドハンティングにより獲得した人材で，実質的に主任とみることのできる者であること。

(ヲ)　本件保険契約時において，主任以上の従業員で本件保険契約の被保険者となっていないのは，営業課課長のCのみであるが，同人はA生命が被保険者として契約するための取扱基準に該当しない者であること。

(ワ)　本件保険料の計算に係る「第一回保険料充当金額領収証（No.060083）に対する被保険者毎明細書」には，当初，Cの氏名が被保険者欄に記載されていたが，Bに訂正され，領収金額欄も訂正されていること。

ロ　本件両通達が定められた趣旨について

(イ)　所得税法第36条《収入金額》第1項は，「その年分の各種所得の金額の計算上収入金額とすべき金額又は総収入金額に算入すべき金額は，別段の定めがあるものを除き，その年において収入すべき金額とする。」と定めており，同項のかっこ書において，その収入すべき金額には経済的利益の金額が含まれる旨を明らかにしている。

　　　　すなわち，所得税法において，経済的利益の金額は，課税の対象であることが本則とされるものである。

(ロ)　いわゆる養老保険は，被保険者に死亡の保険事故が生じた場合に死亡保険金が支払われるほか，保険期間の満了時に被保険者が生存している場合にも生存保険金が支払われる生命保険であって，その保険料は死亡保険金を支払う財源となる危険保険料，生存保険金を支払う財源となる積立保険料及び主として事業費を賄う付加保険料から成っている。

　　　　当該生命保険契約における保険金受取人は，保険契約者が別段の意思表示をしない限り，契約者が指定したときに保険金請求権を自己固有の権利として原始的に取得するものと解すべきところ，本件保険契約は，被保険者である請求人の従業員に保険事故が生じた場合，被保険者の遺族が死亡保険金を取得することとされているので，請求人が負担した保険料の金額のうち当該部分に係る保険料すなわち危険保険料は，被保険者である請求人の従業員が利益を享受することになり，請求人の従業員に対する経済的利益の金額となる。

(ハ)　ところで，本件両通達は，その本文において，本件保険契約のような場合，被保険者が受ける経済的利益はないものとするとともに，法人については，その支払った保険料の額のうち，その2分の1に相当する金額は資産

に計上し，残額は期間に応じて損金の額に算入する旨定める一方，ただし書において，役員又は（部課長その他）特定の使用人のみを被保険者としている場合には，その支払った保険料の額のうち，その2分の1に相当する金額は，当該役員又は使用人に対する給与等とする旨定めている。

更に，本件通達の注書の2には，「(1)保険加入の対象とする役員又は使用人について，加入資格の有無，保険金額等に格差が設けられている場合であっても，それが職種，年齢，勤続年数等に応ずる合理的な基準により，普遍的に設けられた格差であると認められるときは，ただし書を適用しない。(2)役員又は使用人の全部又は大部分が同族関係者である法人については，たとえその役員又は使用人の全部を対象として保険に加入する場合であっても，その同族関係者である役員又は使用人については，ただし書を適用する。」と定められている。

㈡　この本件両通達の趣旨は，使用人（法人）が支払った保険料のうち，死亡保険金に係る部分については，受取人が被保険者の遺族等となっていることからみて，資産計上することを強制することは適当でなく，また，被保険者が死亡した場合に初めてその遺族等が保険金を受け取るものであることからすれば，保険料の掛け込み段階で直ちに被保険者に対する給与として課税するのも実情に即さないことから，これを一種の福利厚生費と同視することとしたものである。

このような趣旨からすると，本件両通達の本文は，福利厚生費が従業員全体の福利のために使用されることを要するのと同様，原則的には従業員の全部を対象として保険に加入する場合を想定しているものと解するのが相当であり，このことは，特定の者のみが対象とされる場合には，その者が受ける経済的利益に対し給与として課税するというただし書の定めからも明らかである。

ただ，注書は，全従業員を保険に加入させない場合であっても，保険料を一種の福利厚生費と同視する以上，少なくとも全従業員がその恩恵に浴する機会が与えられていることを要することから，それが「合理的な基準により普遍的に設けられた格差」であると認められるときには，本件通達の本文の適用を認めるものの，逆に全従業員を保険に加入させた場合であっても，その全従業員が同族関係者であるような法人には，本件通達の本文の適用を認めない旨を明らかにしたものと認められる。

当審判所においても，これらの通達の定める取扱いは相当なものとして是認できる。

ハ　前記イの各認定事実に基づき上記ロに照らし，請求人の主張について検討したところ，次のとおりである。

㈠　本件両通達のただし書の適用について

Ａ　請求人は，本件保険契約に係る被保険者が本件両通達のただし書にいう役員又は特定の使用人に当たらないと主張し，その理由として，本件両通達のただし書にいう

役員又は特定の使用人に当たらないというためには全従業員を被保険者としなければならない旨あるいは一定以上の割合の従業員を被保険者とすべき旨を定めた法令，通達はない旨主張する。

確かに請求人が主張するとおり，本件両通達の本文の適用に関して，全従業員が被保険者でなければならない旨あるいは被保険者とすべき従業員の割合を明確に定めた法令，通達はない。

しかしながら，上記ロに記載の本件両通達の趣旨に照らせば，少なくとも，全従業員がその恩恵に浴する機会を与えられていることを要すると解すべきである。

したがって，本件両通達のただし書を，請求人が主張するように限定的に解釈するのは相当でない。

B　また，請求人は，本件通達に係るただし書の注書2の(2)において，役員又は使用人の全部又は大部分が同族関係者である法人についての取扱いを示していることをもって，本件両通達のただし書は同族関係者を対象とした行為に適用することが意図されている旨主張するが，当該注書は全従業員を対象として保険に加入する場合であってもただし書が適用される例外的な場合の説明であることが明らかであるから，請求人のこの点に関する主張は採用できない。

C　請求人は，本件通達の注書の2の(1)は，本件通達のただし書を適用しない一般的な例示にすぎず，請求人における主任以上という基準も同注書にいう合理的な基準である旨主張する。

確かに，前記イのとおり，1名のやむを得ない例外を除いては，主任以上の全従業員が本件保険契約の被保険者となっており，上記除外者に代わって被保険者になった者も実質的には主任とみることのできる者であることからすれば，請求人は，保険加入の対象者として暗黙のうちに主任以上の者という基準を設けていたことが推認される。

ところで，前記イの(チ)及び(リ)のとおり，請求人においては，主任とは役職名の一つであって，役職の任免は請求人の業務運営上の必要に応じて行われるものとされているのであるから，必ずしもすべての従事員が主任以上の役付者になれるとは限らない。そうすると，主任以上という基準は，一種の福利厚生費として，原則的には全従業員にその恩恵に浴する機会を与えられていることを予定している本件両通達の趣旨に合致するものでないことは明らかである。

D　そこで，請求人が本件保険契約に係る保険加入者の選定に用いた基準について検討したところ，前記イのA及びBの事実から，請求人は，被保険者とする従業員について，定着度を重視し，年齢，勤続年数，職種，職能を合理的に検討したとしても，その結果として主任以上の全役付者を本件保険契約の被保険者選定基準としたことが認められるところであり，また，前記イの事実か

ら，請求人は，主任以上の全役付者を被保険者として保
険加入の申込みをしたが，CはA生命が被保険者として
契約するための取扱基準に該当しないことから，同人に
代えてBを被保険者として本件保険契約を締結したもの
と認められるところである。

次に，主任以上の全役付者という基準により設けられ
た格差に普遍性が認められるか否かについて検討したと
ころ，前記イの㈠及びㇼの各事実から，請求人において
は，主任とは役職名の一つであって，役職の任免は請求
人の業務運営上の必要に応じて行われるもので，現に別
表2（省略）に記載のとおり，課長又は主任に任命され
ていない者で，勤続15年以上かつ年齢40歳以上の者が3
人認められるほか勤続15年以上年齢40歳未満の者が1
人，勤続15年未満年齢40歳以上の者が5人認められると
ころである。

したがって，請求人が採用した主任以上の全役付者と
いう基準により設けられた格差に普遍性があるとは認め
られない。

E 前記イの㈠によれば，請求人は順次被保険者の範囲を
拡大していく方針であったことが認められ，その結果，
次年度以降には格差に普遍性のある基準により被保険者
が決定されることがあるとしても，本件保険契約に限っ
ては被保険者は，本件両通達のただし書にいう役員又は
特定の使用人に該当する。

㈠ 本件保険契約と請求人の保険加入目的との関係につい
て

請求人は，本件保険契約は請求人の保険加入目的に即
応したものであるから本件保険料について本件通達のた
だし書を適用すべきでない旨主張する。

本件保険契約が前記イの㈠のAに記載の請求人の保険
加入目的にどの程度即応したものであるかはともかく，
本件両通達のただし書の適用があるか否かは，保険加入
資格の有無及び保険金額に設けられた格差が，合理的な
基準により普遍的に設けられた格差である場合のように
経済的利益が普遍的に享受されているか否かにあるの
で，この点に関する請求人の主張が，本件納税告知処分
の取消しを求める理由となるものではない。

ニ 次に，本件納税告知処分に係る税額計算について検討
する。

請求人提出資料及び原処分関係資料並びに当審判所の
調査結果によれば，次の事実が認められる。

㈠ 請求人は，平成3年2月分の給与所得の源泉所得税額
の計算を，所得税法第189条《主たる給与等に係る徴収税
額の特例》第1項の規定に基づいて行っていること。

㈠ 原処分庁は，本件納税告知処分に係る源泉所得税額の
計算を，所得税法第185条第1項第1号を適用して行って
いること。

㈠ 原処分庁は，本件保険契約の被保険者Dに係る源泉所
得税額の計算において，控除対象配偶者及び扶養親族の

人数を零人として計算しているが，その人数は1人であること。

(ニ) 原処分庁は，本件保険契約の被保険者Eに係る源泉所得税額の計算において，控除対象配偶者及び扶養親族の人数を1人として計算しているが，その人数は2人であること。

ホ ところで，原処分庁は，上記ニの(ロ)のとおり所得税法第185条第1項第1号の規定に基づき本件保険契約の各被保険者から徴収すべき税額の算定を行っているが，請求人は，上記ニの(イ)のとおり所得税法第189条第1項の規定により源泉徴収すべき税額の計算を行っており，請求人が行っている計算方法を否定する理由は認められず，また，原処分には上記ニの(ハ)及び(ニ)のとおりD及びEに係る源泉所得税額の計算において控除対象配偶者及び扶養親族等の数に誤りが認められ，これらを補正すると別表1（省略）の「審判所認定」欄に記載のとおりとなる。

したがって，徴収すべき源泉所得税の額が，本件納税告知処分の額を下回ることとなるので，その一部を取り消すべきである。

(2) 不納付加算税の賦課決定処分について

請求人は，平成3年2月分の源泉徴収事務において，源泉徴収すべき税額の計算をするに当たり，本件納税告知処分により納付すべき税額のうち上記(1)のホにより減額される部分以外の税額について，その計算の基礎とすべき事実があるのに，これを計算の基礎としていないことが明らかであり，かつ，このことについて，国税通則法第67条第1項ただし書に規定する正当な理由がある場合に該当しないことから，本件不納付加算税の賦課決定処分は，同条項の規定に基づき適法になされていると認められる。

そうすると，本件不納付加算税の賦課決定処分は，その計算の基礎となる税額の一部が取り消されることとなるので，これに伴い，その一部の取消しを免れない。

(3) 原処分のその他の部分については，請求人は争わず当審判所に提出された資料等によっても，これを不相当とする理由は認められない。

| 直審（法）25（例規）（昭和44年5月1日） | **（法人税基本通達の制定について）** |
| | 法人税基本通達を別冊のとおり定めるとともに，法人税に関する既往の取扱通達を別表（略）のとおり改正又は廃止したから，これによられたい。 |

この法人税基本通達の制定に当たっては，従来の法人税に関する通達について全面的に検討を行ない，これを整備統合する一方，その内容面においては，通達の個々の規定が適正な企業会計慣行を尊重しつつ個別的事情に即した弾力的な課税処理を行なうための基準となるよう配意した。

すなわち，第一に，従来の法人税通達の規定のうち法令の解釈上必要性が少ないと認められる留意的規定を積極的

に削除し，また，適正な企業会計慣行が成熟していると認められる事項については，企業経理にゆだねることとして規定化を差し控えることとした。

　第二に，規定の内容についても，個々の事案に妥当する弾力的運用を期するため，一義的な規定の仕方ができないようなケースについては，「〜のような」，「たとえば」等の表現によって具体的な事項や事例を例示するにとどめ，また，「相当部分」，「おおむね…％」等の表現を用い機械的平板的な処理にならないよう配意した。

　したがって，この通達の具体的な運用に当たっては，法令の規定の趣旨，制度の背景のみならず条理，社会通念をも勘案しつつ，個々の具体的事案に妥当する処理を図るように努められたい。いやしくも，通達の規定中の部分的字句について形式的解釈に固執し，全体の趣旨から逸脱した運用を行ったり，通達中に例示がないとか通達に規定されていないとかの理由だけで法令の規定の趣旨や社会通念等に即しない解釈におちいったりすることのないように留意されたい。

省略用語例

　法人税基本通達において使用した次の省略用語は，それぞれ次に掲げる法令等を示すものである。

　法………………………法人税法
　令………………………法人税法施行令
　規則……………………法人税法施行規則
　措置法…………………租税特別措置法
　措置法令………………租税特別措置法施行令
　措置法規則……………租税特別措置法施行規則
　通則法…………………国税通則法
　通則法令………………国税通則法施行令
　通則法規則……………国税通則法施行規則
　耐用年数省令…………減価償却資産の耐用年数等に関する省令
　耐用年数通達…………昭和45年5月25日付直法4-25ほか1課共同「『耐用年数の適用等に関する取扱通達』の制定について」

〔編注〕
1　法人税基本通達制定後における改正通達の前文及びその経過的取扱いについては，便宜，附則の後に集録した。
2　改正通達により従来の基本通達事項の追加又は改正をしたものはそれぞれの通達の末尾に改正した旨の表示をした。

**著者プロフィール**

山本英生税理士事務所
税理士　山本英生（やまもとひでお）

1959年愛媛県生まれ。神戸大学法学部大学院修士課程修了。
1983年明治生命（現 明治安田生命）保険相互会社入社。営業教育部
部長などを歴任。社内 FP として24年にわたり，セミナー講師・販
売教育指導などで活動。
・１級ファイナンシャルプランニング技能士
・CFP® 認定者（日本 FP 協会）
・厚生労働省ファイナンシャル・プランニング技能検定 技能検定
　委員
・NPO 法人日本ファイナンシャル・プランナーズ協会理事
・一般社団法人金融財政事情研究会 FP 技能士センター運営委員

## 生命保険と税金ポケットブック
### 〈法人保険編〉

2021年1月8日　初版発行

著　者　　山本英生　山本英生税理士事務所
発行者　　楠　真　一　郎

発　行　　株式会社近代セールス社
〒165-0026　東京都中野区新井2-10-11　ヤシマ1804ビル4階
電話：03-6866-7586　FAX：03-6866-7596
http://www.kindai-sales.co.jp/

印刷・製本　　広研印刷株式会社
装　　幀　　松田陽 86graphics
ISBN978-4-7650-2183-8